«Laisser couler l'eau dans la rivière
et écouter le chant de l'eau en soi...»

Dolorès ♀

Dolorès Lamarre

LE TEMPS
DE
LÂCHER PRISE

Les Éditions du Rayon D'or

Les Éditions du Rayon D'or
83 rue Plante
Mont-St-Hilaire, Québec, Canada
J3H 3X2
(450) 464-6781
(450) 652-9658

Illustration de la page couverture: Josiane Thibault

Mise en page et conception graphique: Marie-Josée Tardif

1re édition, 2e impression
Copyright© Dolorès Lamarre, 1998

ISBN: 2-9806032-0-1

Dépôt légal - Bibliothèque nationale du Québec, 1998
Dépôt légal - Bibliothèque nationale du Canada, 1998

Dédicace

Je dédie mon premier ouvrage à tous les êtres qui souffrent d'être la ***victime inconsciente*** du masque, de l'armure qu'ils ont créés pour se protéger. Je le dédie à tous les « chercheurs », les « voyageurs » de l'âme qui désirent retrouver leur liberté. Seul le chemin de l'amour ouvre à celle-ci.

♥ ♥ ♥

Remerciements

Un livre ne se manifeste point seul. L'aventure de celui-ci passe à travers des expériences de vie, des larmes, des joies profondes, des découvertes mystiques et intérieures. Le hasard n'existe pas...

Je remercie chaque personne, proche ou éloignée, chaque expérience passée qui, de leur présence dans ma vie, m'ont aidée à évoluer. Que La Source baigne de ses grâces les êtres chers qui, par leur départ, m'ont enseigné la grandeur du détachement.

Une reconnaissance particulière à ma fille Marie-Claude Noël qui, par sa couleur et ses expériences, me guide dans l'apprentissage du lâcher prise et de l'amour inconditionnel. Je t'aime Marie...

Les anges n'ont pas de forme. Alors je remercie toutes les personnes qui ont cru en moi et ont participé avec leur coeur à la réalisation de mon projet d'écriture, particulièrement Marie-Jo, Josiane, Gérard Coulombe et l'équipe de Copiegraphie Pro Inc. Merci de leurs précieux conseils...

À mon âme et à Dieu, j'élève ma gratitude, car le chemin de la reconnaissance de soi exige de choisir l'amour inconditionnel en devenir et cet exercice nécessite le support de la foi et de croire en ses rêves...

Enfin, un merci spécial à Marcel, mon conjoint et futur époux qui, par son authenticité, son respect, sa personnalité se veut l'outil divin me permettant, à l'interne du couple, de poursuivre l'apprentissage de la maîtrise de ma vie dans le respect mutuel et la foi que l'amour existe encore...

Merci au Rayon D'or qui par mon processus de channeling supporte la reconnaissance de mon être et manifeste, en cet ouvrage, ses racines au plan terrestre...

❤ ❤ ❤

Avant-propos

S/i j'en suis aux petites heures de ce jour à écrire ces lignes, c'est que j'ai longtemps cherché une façon simple et efficace de lâcher prise. En effet, il y a quelques années, alors que je sombrais dans la noirceur au creux de ma vie, celle-ci jusqu'alors remplie et structurée devrais-je dire, planifiée dans ses moindres détails, j'eus à l'occasion de cette phase difficile, à entendre pour la première fois parler du « lâcher prise ».

Je sentais bien à l'intérieur de moi que j'avais besoin d'*expérimenter* le lâcher prise, question de « survie », et dès lors, je me mis en quête du « comment on fait ça? ».

J'ai discuté avec les personnes ressources qui se sont présentées sur mon chemin. J'ai demandé à ce qu'on m'explique clairement et simplement le ou les moyens d'y arriver de façon rapide. Naturellement, puisqu'à cette époque, je recherchais beaucoup le résultat de mes objectifs pour HIER.

J'ai passé plusieurs mois à lire le peu de volumes que je rencontrais sur ce sujet, qui d'ailleurs s'avéraient à mon point de vue complexes à leur lecture et difficiles d'application dans mon quotidien. Les méthodes suggérées certes, devaient correspondre aux besoins de certaines personnes et y répondre clairement; mais pour moi, la démarche inscrite n'était plutôt qu'une source complexe de nourriture pour mon mental réjoui. Ainsi, j'avais beau souligner, plier les pages, relire des passages et surtout tenter d'*expérimenter*, les résultats que j'obtenais étaient peu à la hauteur de mes espérances et

9

produisaient chez-moi l'effet contraire de ce que je recherchais à atteindre.

Bien sûr, au fil du temps et grâce à maintes ouvertures acceptées en mon coeur, je parvins à goûter à ces petites victoires... Celles qui font de l'espace du lâcher prise, un moment de paix intérieure indéfinissable de par le sentiment de bien-être et de joie créés.

Sans en être consciente, je découvris à travers les événements de ma vie, comment arriver à lâcher prise d'une façon qui corresponde mieux à l'être que je suis. Je suis parvenue graduellement à additionner les réussites et à développer ma manière propre de retrouver ma paix, alors que la tempête s'agite.

C'est le fruit de ma recherche que je désire partager avec vous. Je n'ai pas la prétention de vous livrer la clé infaillible pour accéder à un monde meilleur en vous et autour de vous. Je souhaite simplement apporter à celle, à celui qui en a besoin, un outil que je considère facile à utiliser (de par ses résultats proportionnels à la somme des expériences croissantes que je me suis permise de vivre).

Pour cette raison j'utiliserai un langage qui, je l'espère, vous sera sinon familier, facile à saisir; car selon moi, être dans son coeur est nécessaire pour parvenir à lâcher prise. Cela exige aussi pour la personne de mettre le moins d'emphase possible sur le processus analytique qui excite notre mental et risque de faire rater notre expérience de lâcher prise.

Je tiens également à vous informer qu'il est possible malgré tout , que vous ayez à la lecture de certains passages, une difficulté à saisir clairement ce qui est raconté. Vous le verrez plus loin, cela est en relation directe avec votre personnalité qui elle, n'a pas nécessairement choisi de lâcher prise.

Ne vous jugez pas, apprenez dès cet instant présent à vous éveiller à vos réactions et à vos émotions. Soyez patient, cela se développe et surtout, soyez bon et indulgent pour vous. Après avoir reconnu que la lecture de ces lignes vous irrite ou vous ennuie, relisez sur le champ (si vous acceptez volontairement cette façon de faire), les passages qui suscitent une « absence » de compréhension chez vous. Laissez ensuite se dissoudre vos réactions en continuant paisiblement votre lecture, car vous en aurez alors probablement saisi le message. Remettez à plus tard la poursuite de celle-ci, si l'impatience vous gagne ou le temps vous précipite.

Surtout, n'essayez pas de reproduire ce que vous faites dans votre vie de tous les jours... car si vous êtes à lire ces lignes, il est fort probable que vous fassiez partie de ceux qui travaillent fort, vite et bien afin d'arriver à la réalisation de vos objectifs le plus rapidement possible.

Ceux qui sont déjà initiés à ce type de lecture savent de quoi je parle. Ce genre de bouquin demande souvent aussi la répétition des propos reçus afin qu'ils s'inscrivent doucement en vous, si tel est votre choix réel d'apprendre à lâcher prise. Ceci fait partie d'un processus qu'on appelle « *intégration* ». Cette étape réalisée permet de passer à la suivante qui est l'application dans la vie quotidienne de ces enseignements vous permettant de les intégrer davantage. Et, ainsi de suite, se poursuivra votre route à la découverte de l'être merveilleux que vous êtes et du pouvoir que vous serez de plus en plus capable de reconnaître en vous. Accumulant petites et grandes victoires, vous avancerez ainsi vers la maîtrise de votre vie dans sa globalité.

Ne vous découragez pas. Prenez le temps nécessaire. Cette *intégration* se fait parfois facilement. Pour d'autres personnes ou à d'autres moments, selon les circonstances vécues et l'appel en soi d'apprendre à s'aimer et à trouver l'équilibre, celle-ci peut demander une période variable de temps, soit de quelques semaines à quelques années. N'ayez crainte cependant, car ce travail amorcé apporte des résultats tangibles qui supporteront votre action et vous donneront le courage et le désir de continuer. La persévérance est de mise et se cultive de par les effets encourageants et le mieux-être croissant.

Acceptez « d'essayer » de tenter l'expérience. Si vous jugez farfelus et irrecevables mes propos et que vous décidiez de fermer à jamais ce livre, je vous encourage à regarder simplement votre réaction et si possible à identifier la ou les émotion(s) perçue(s) qui supporte(nt) votre décision. En faisant cela, vous l'ignorez, mais c'est déjà un premier contact avec vous-même que vous amorcerez. Et qui sait, peut-être que comme moi à mes premières tentatives, vous pousserez « votre vérité » pour y revenir plus tard, mieux disposé à en accueillir le contenu et à vous permettre ainsi la découverte de votre essence à travers celui-ci.

J'ai aussi connu l'*intégration* d'enseignements, de messages nécessaires à mon évolution (qui d'ailleurs sont à présent le fil conducteur dans ma vie) spirituelle, par une lecture entrecoupée sur une longue période. Je me rendais compte à chaque fois que je ressentais le besoin de reprendre la lecture, là où je l'avais laissée, que ce que j'avais lu dans les pages précédentes et bien, je l'avais vécu dans ma réalité quotidienne. Ce constat m'amusa en premier. Par la suite, je me suis questionnée à savoir s'il ne s'agissait pas plutôt d'un rêve et je suis même allée jusqu'à me juger à l'occasion. Je n'osais surtout pas raconter cela, j'avais peur du jugement des gens. Réitérant cette forme d'apprentissage, j'en conclus plutôt en remerciant qu'en jugeant, qu'il devait exister une « magie » quelque part dont j'ignorais la nature, mais qui de plus en plus me faisait ressentir sa présence en me guidant de maintes façons.

Si je partage avec vous mon expérience, c'est pour que si une situation semblable se présente à vous un jour, vous sachiez que cela est possible et que vous ne perdiez pas, tel je l'ai fait, une énergie à vous convaincre de cette réalité. Notez cependant que tout ce que l'on vit a son utilité, de même que la façon dont on le vit accélère ou ralentit notre évolution vers la voie de notre âme, vers la voie de l'amour.

Au tout début de mon cheminement, lorsque j'ai pour la première fois ouvert un de ces livres qui « parlent », qui éveillent en vous un certain mouvement parfois inconfortable, mais presque d'attirance magnétique, je me suis surprise à le lire avec intérêt et suspicion.

Habituée jusqu'alors, de par ma profession, à consulter des ouvrages scientifiques et rationnels, occasionnellement romans et autres produits littéraires, l'exploration de ces nouveaux écrits piqua ma curiosité.

Toutefois, mes premiers pas à la découverte de cette forme nouvelle de transmission de connaissances éveilla chez moi le désir de poursuivre en cette voie. Depuis, c'est avec plaisir que je me régale des heures durant, de ces cadeaux bénis que sont tous les beaux messages et enseignements de Grands Maîtres ou d'auteurs moins connus. Tous cependant sont porteurs de connaissances qui m'enseignent à travers elles à reconnaître qui je suis et à assumer ma vie sur terre avec sérénité et amour.

Je suis issue d'une culture québécoise bien traditionnelle et enfant, je n'ai pas reçu ce qui selon moi, devrait être transmis dès le bas âge par la famille et traduit dans le milieu social: L'ART D'APPRENDRE À S'AIMER.

Dans les pages qui suivent, je développerai sur ce sujet qui se veut l'essence même de la raison d'être de l'individu sur terre, car comment peut-on s'aimer si nous ne nous connaissons pas vraiment, ne nous acceptons pas ou si nous nous aimons de façon **conditionnelle** à nos richesses matérielles par exemple ou à la beauté stéréotypée de notre corps physique?

J'ai discuté avec des adolescents qui m'ont avoué se questionner face à la mort, la **réincarnation**, l'énergie et bien d'autres sujets. Certains se sont permis d'exprimer leurs frustrations face au fait qu'il existe certes maints ouvrages en librairie, quelques-uns en possèdent même, mais la lecture de ceux-ci dès les premières pages décourage par sa terminologie complexe et le manque de clarification. Pour cette raison, j'inclus à la fin de ce livre un lexique des principaux termes inscrits en caractères gras dans le texte, qui pourraient susciter un questionnement pour le lecteur. Encore une fois, je me propose d'être la plus simple possible dans le choix de ma grammaticale et je me servirai d'exemples au besoin pour supporter ce que je désire vous faire partager. Ces exemples sont tirés de mon vécu pour la plupart.

Je suis convaincue que l'adolescent qui se pose ces questions est prêt à recevoir les réponses. Celles-ci doivent cependant correspondre à sa capacité de garder l'intérêt au fil de la lecture. Je considère merveilleuse cette jeune personne en recherche d'identité, qui, ouvrant son coeur à l'amour humain, ressent le besoin d'en connaître davantage sur le bien-fondé de notre présence sur terre et sur l'existence de dimensions, plutôt jusqu'ici cachées par la plupart des formes de cultures occidentales. Cette exploration appelle à l'éveil de l'amour **inconditionnel** pour soi et les autres.

Si ce bouquin peut intéresser l'adolescent, il s'adresse aussi au jeune adulte et à l'adulte déjà en cheminement. Ne serait-ce que pour en parler avec sa famille ou se rafraîchir de notions connues, mais que nous avons parfois mises de côté à travers nos préoccupations journalières.

Je désire informer le lecteur que je respecte ses **valeurs** et **croyances** et que le but de mon écrit n'est point de changer l'autre, mais simplement de transmettre ce que j'ai reçu à travers ces quelques années, question pour moi de faire de la place à recevoir davantage.

Mon livre est un outil de croissance personnelle qui peut, je crois, répondre à un besoin social nouveau de plus en plus exprimé autour de nous. Je me garde de susciter chez-moi l'attente de gloire ou de bénéfices recherchés. Je laisse aussi le lecteur libre de vivre ses réactions car celles-ci lui appartiennent et contribuent à sa propre évolution. Je remercie à l'avance **La Source** de son support.

Je suggère de référer au lexique de façon régulière tant que vous n'aurez pas retenu le sens du mot qui bloque la poursuite de votre lecture. Cela est très important car vous pourrez ainsi plus vite vous familiariser avec la terminologie et faciliter votre apprentissage. Je vous encourage à le faire. De toute façon, il est fort probable que si votre intérêt est en éveil, vous aurez un jour ou l'autre à reprendre ce vocabulaire

J'utiliserai au long de mon texte le « nous », le « vous » ou le « je » dépendamment des besoins littéraires de la forme de mes propos, le masculin incluant le féminin.

Je vous remercie de tenir en vos mains cette source d'aide à la connaissance de soi et je vous demande de vous remercier aussi de vous permettre un pas en avant sur le chemin de l'amour et de la découverte de soi.

Puissent vos **_guides_** accompagner et supporter votre lecture et **_La Source_** éclairer votre route.

Chapitre 1

STRUCTURE ÉNERGÉTIQUE

DE L'ÊTRE

(notions de base)

fin de vous permettre de saisir plus clairement le travail énergétique qui se passe en nous et autour de nous, je vous donne ici de façon très arbitraire et succincte quelques notions de base de notre **structure énergétique**.

Je crois profondément que ce que vous en retiendrez sera pour vous l'essentiel qui vous éclairera à travers la découverte du lâcher prise. En effet, posséder la connaissance que la vie ne débute pas à notre naissance et ne se termine pas à notre mort, aide beaucoup à la découverte de qui nous sommes vraiment, notre essence, notre Soi.

Je rappelle que ceci demeure une ébauche très simplifiée de la **structure de l'être**, car elle n'a pas pour but l'étude de celle-ci. Je désire simplement éveiller votre **conscience** à son existence, favorisant à travers votre lecture à venir, une compréhension élargie de «ce que vous êtes» et de «qui vous êtes».

Toutefois, tout au long de votre lecture, aussi longtemps que vous n'aurez pas intégré du moins de façon significative ce qu'est la **structure de l'être**, je vous suggère de retourner au lexique afin de faciliter votre travail personnel et vos prises de **conscience**.

Je reconnais que pour plusieurs d'entre vous cette approche de l'être est nouvelle et peut vous paraître irréelle. Je vous demande simplement d'accueillir vos réactions, sans juger, en demandant à votre mental de collaborer à une ouverture de votre **conscience** et cela dans un exercice premier de lâcher prise à vos **croyances** présentes. Je vous rappelle que vous demeurez libre de rejeter mes propos. Toutefois, pour bénéficier de l'exercice associé à cette lecture, j'ai le goût de vous demander de vous y abandonner, l'espace de celle-ci complétée. Je vous remercie et remerciez-vous de vous permettre cette expérience.

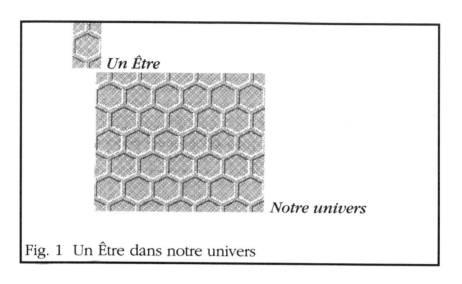

Un Être

Notre univers

Fig. 1 Un Être dans notre univers

Nous sommes dans l'univers tous interreliés les uns aux autres de par notre **structure énergétique**. Une **force** énergétique puissante d'amour universel dirige cet univers, je l'appelle **La Source**, Dieu. Il est la Lumière d'amour et de vie.

Il existe plusieurs dimensions dans l'univers et différents plans de vie.

Par le processus de la **réincarnation**, il nous est possible d'aller contacter à travers ceux-ci, les expériences nécessaires à l'évolution de notre âme.

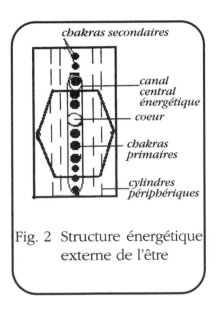

Fig. 2 Structure énergétique
externe de l'être

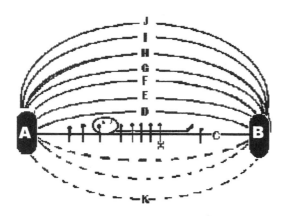

Fig. 3 Structure énergétique interne
de l'être

A: pôle d'énergie céleste (**Yin**)

B: pôle d'énergie terrestre (**Yan**)

C: **canal énergétique** (l'énergie circule de haut en bas)

X: **chakra**

Corps subtils: Réf: « La guérison spirituelle angélique » Les éditions Shanti

D: corps éthérique

E: corps émotionnel

F: corps mental

G: corps astral

H: corps supra-astral

I: corps céleste

J: corps de lumière ou divin

K: illustre que chacun des corps se prolonge en un cercle tel
un cocon de lumière

Chaque corps subtil (invisible) est relié par un **cylindre** commun qui passe par un centre d'énergie appelé **chakra**, telle une spirale traversant la **ligne médiane** de chacun des corps et qui se relient à leur tour aux gros **cylindres** en périphérie de la **structure de l'être**. Le centre principal de cette structure, de ce pilier, étant le coeur. Nous possédons donc des **cylindres** majeurs et secondaires auxquels se fixent un « filage » énergétique dans un mouvement plutôt croisé et entrefilé tel une bobine de fils enchevêtrés. Ces fils constituent le véhicule laissant l'énergie universelle circuler en nous. Telle est notre nourriture énergétique. Ce filage, à un niveau terrestre rapproché du corps physique, a déjà depuis longtemps acquis le respect et nourri la connaissance des peuples anciens. Les orientaux ont depuis fort longtemps identifié ces propriétés et développé une médecine, en travaillant sur les **méridiens** du corps humain.

Au cours de nos diverses expériences de vie, il a pu nous arriver de briser notre **structure énergétique** (**méridien** coupé, bris de filage, etc.) pour maintes raisons. En plus, lorsque notre âme s'incarne, elle apporte avec elle son **karma** constitué des mémoires des vies passées et des **blessures** recueillies durant celles-ci. Cela demeure pour nous absent de nos souvenirs, car parfois se rappeler pourrait provoquer des traumatismes importants à l'individu. L'être humain n'a pas la capacité de recevoir toutes ces informations car cela exigerait de lui une charge d'énergie trop grande et son corps éclaterait. C'est l'**inconscient** qui a le rôle de garder « cachées » ces mémoires, ainsi que celles de notre vie présente, qui sont reliées à des **blessures** vécues alors que nous étions dans le sein de notre mère, au moment de la naissance ou par la suite au cours de notre vie.

La période la plus fragile durant laquelle nous sommes les plus vulnérables et sensibles, se situe à partir du moment où l'âme s'incarne dans le corps en gestation jusqu'à approximativement sept ans.

Pour arriver à guérir certaines **blessures** vécues dans cette période, il est nécessaire que l'*inconscient* collabore et le permette. C'est donc à l'aide d'une thérapie professionnelle et respectueuse, que certaines techniques seront utilisées (avec le consentement du sujet) pour aller toucher ces **blessures**. Ces dernières camouflent des émotions bloquées qui se cristallisent dans la structure (par exemple bloquent un *méridien*) et empêchent la libre circulation de l'énergie vitale. Ce mouvement crée à la longue divers problèmes de santé mentale, émotionnelle ou physique selon que ce blocage se loge sur l'un ou l'autre ou plusieurs des corps invisibles. S'il n'est point détecté et libéré, il conduit graduellement au non état de santé, engendrant malaises, maladies et/ou déséquilibres autres.

Il arrive que nos **blessures** soient très profondes et souvent proviennent de vies passées et constituent le bagage (notre héritage karmique) que nous apportons, afin de les guérir dans cette vie actuelle. En général alors, nous reproduirons à travers nos expériences de vie, d'autres **blessures** de la même nature et qui nous affecteront en profondeur, qui marqueront des douleurs et souffrances profondes en l'être. La guérison de ces **blessures** (ex: peur de l'abandon, du rejet, de ne pas être aimé) requiert initialement que le sujet au bout de sa souffrance, choisisse d'aller vers sa guérison. Pour cela, il devra accepter de prendre le temps et de se laisser guider à son rythme vers les moyens mis sur sa route pour l'aider. Il choisira de prendre contact avec son intérieur pour y découvrir non pas seulement les **blessures**, mais aussi son essence même, qui il est vraiment et ce qu'il est venu faire ici. Cela demande beaucoup de courage et de persévérance car c'est alors le travail le plus noble et le plus intense qui débute en soi. Celui d'apprendre à s'aimer. On appelle aussi cela : cheminer.

24

À travers ce voyage merveilleux au creux de lui, l'individu réapprend à marcher sur le chemin de la lumière. Il reconnaît peu à peu la puissance divine en lui et en l'infini. Il reprend contact avec son pouvoir intérieur lui permettant ainsi de maîtriser ses émotions, sa vie, au lieu de se laisser contrôler par son mental, ses **croyances** et ses **valeurs** à redéfinir.

C'est ainsi qu'il en viendra à désirer et choisir de vivre le lâcher prise, qu'il reconnaîtra que l'évolution passe par cette étape, dont l'apprentissage demande confiance, ouverture et choix de sa vraie liberté.

L'acquisition de connaissances minimales sur la **structure de l'être** et ses composantes facilitera le travail du sujet en lui fournissant un niveau de compréhension qui éclaire la prise de décision: choisir d'apprendre à s'aimer, entre autres, par l'expérience du lâcher prise.

♥ ♥ ♥

Un être possède: âme, esprit (mental), corps.

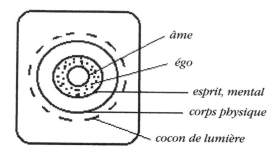

Fig. 4 Parties d'un Être

ÂME: partie spirituelle de l'individu qui est indestructible, éternelle. Elle est toujours la même à chaque vie et contient toutes les connaissances divines dont nous avons besoin pour réussir notre mission sur cette terre. L'âme porte autour d'elle le « manteau karmique », c'est-à-dire les mémoires de nos vies passées, de nos expériences et **blessures**. Elle constitue notre divinité intérieure. Elle a été identifiée par de grands sages et habite le corps physique un peu plus haut que le coeur, en dessous de la région de la gorge. Des recherches ont établi après plusieurs tests de mesure du poids avant et après la mort, que l'âme possède une densité relative et pèse environ 1,6 livre. Notre âme est éternelle. Dieu l'a créée pour permettre à Son énergie d'amour d'***expérimenter***, à l'école de la vie terrestre, la recherche de l'amour infini et de revenir une fois cette grande mission complétée auprès de Lui. L'âme est associée à l'intuitif, à l'hémisphère droit du cerveau.

<u>EGO:</u> partie de l'être qu'on nomme parfois aussi personnalité. Plus précisément, notre personnalité se forme en relation directe avec ce que nous emmagasinons dans notre ego, sous forme de mémoires. L'ego est la somme des **croyances, valeurs** qui font partie de nous depuis le bas-âge et sur lesquelles nous bâtissons notre vie.

Après l'âge de sept ans, plus nous avançons, plus nous reproduisons dans notre vie des mouvements, des situations, des comportements similaires appuyant nos **croyances** et nos peurs, nous faisant dire que ce que l'on croit est de plus en plus vrai. Ainsi, notre ego s'épaissit et il arrive un moment où il prend toute la place en nous. Pour exercer son pouvoir sur notre vie, notre ego utilise notre mental. Le mental enregistre l'information et dicte les solutions à partir de ce qu'il sait. C'est donc de cette façon que nous arrivons à laisser, inconsciemment, notre mental diriger notre vie, à partir du bagage inscrit dans notre ego. Il en sera ainsi jusqu'au jour où, par choix, notre âme à notre insu, répondant à son plan divin, nous appellera à éveiller notre **conscience**. Certaines personnes refusent cette ouverture. Il peut s'agir alors d'un choix de l'âme afin que ces individus expérimentent leur vie en absence d'amour de soi, pour leur permettre de compléter un mouvement karmique. Mais, soyez assuré que peu importe le choix d'expériences, pour toute âme venue s'incarner, il se présente à un moment ou l'autre l'opportunité de l'éveil de la **conscience**.

Libre à l'individu de choisir d'aller ou non sur cette route nouvelle. Nous recevons toujours nos messages, mais ne sommes pas toujours réceptifs, conscients de ceux-ci. Générosité de **La Source**, souvent ils se présentent plus d'une fois cependant.

ESPRIT ou MENTAL: partie de nous qui retient l'information, analyse ,voit aux opérations logistiques, etc. C'est le rationnel. Il est associé à l'hémisphère gauche du cerveau. Dans notre culture, nous avons surtout appris à faire valoir l'hémisphère gauche pour répondre aux **croyances**, **valeurs** enregistrées par le mental. Nous agissons beaucoup plus en général à partir de notre hémisphère gauche car nous agissons en fonction de ce que nous croyons pour nous la vérité, donc la chose à faire ou non.

Nous aurions avantage à apprendre à utiliser plus l'hémisphère droit, notre intuitif, ce dernier étant en lien direct avec notre partie énergétique et spirituelle. Lorsque j'écoute la voix de mon intérieur, je ne me trompe pas. Le mental prend sa **force** dans notre ego. Plus notre ego grossit, plus le mental contrôle notre vie, car c'est ce que nous donnons comme information au mental qui le nourrit et lui donne son pouvoir.

Les décisions centrées sur le mental ne devraient être, que lorsqu'il s'agit d'opérations faisant référence à des connaissances spécifiques telles l'application des lois, le code de la route, l'utilisation de la langue, les protocoles établis, la lecture, les mathématiques, etc. Lorsqu'une décision touche à l'essence de l'individu, son pouvoir de choisir, sa capacité d'apprentissage, ses **limites**, l'amour, etc. cela devrait essentiellement être guidé par son intuitif, l'hémisphère droit de son cerveau, idéalement en équilibre avec l'hémisphère gauche.

Notre société pour des raisons multiples, a choisi de se couper de l'aspect humain, spirituel de « l'être » au profit du « savoir », de « l'avoir », et du « faire ». Certaines institutions prétentieuses d'exprimer la juste parole de Dieu se gardent elles-mêmes de ne pas tomber dans ce piège, mais finissent parfois par succomber à l'attrait voulu, ou non, de l'exercice du pouvoir sur l'autre.

Nous sommes en échange constant d'énergie avec les autres. Nous avons tous besoin d'énergie vitale pour vivre et nous la puisons dans diverses sources. Nous sommes bien **inconscients** que lorsque nous discutons avec quelqu'un, face à face ou dans l'éloignement physique, il existe un mouvement impalpable d'énergie entre les deux sujets qui tour à tour se volent leur énergie à leur profit. Nous sommes en constante recherche d'énergie et nous la puisons pour la plupart du temps à l'extérieur, car nous ignorons comment nous nourrir à *La Source*.

Plus nous vivons en dysharmonie, en dualité intérieure, plus nos blocages s'intensifient et moins nous recevons de *La Source* d'énergie, car ces blocages obstruent son libre passage. Peu importe la grande puissance de cette énergie d'amour, nous possédons une capacité très grande de continuer de penser que nous avons raison et nous aimons inconsciemment nourrir cette attitude, ce qui amplifie nos blocages d'origines diverses. Lorsque je reçois de moins en moins d'énergie universelle par mon canal, alors je la cherche partout ailleurs et en premier chez l'être humain, de là l'expression « siphonner quelqu'un ». Les personnes qui possèdent la capacité de voir l'*aura* peuvent capter ce jeu de pouvoir entre des personnes. L'exercice du pourvoir prend alors ici toute sa signification. Mais plus j'apprendrai à revenir en moi et retrouver mon propre pouvoir, plus j'obtiendrai en résultat de reconnaître mes **limites** et d'arrêter de me « faire siphonner » par autrui ou par les situations. Comme j'identifierai alors de plus en plus mes blocages, il y a de fortes chances que je choisisse, à ce point arrivé, de les dissoudre.

Ainsi je retrouverai graduellement ma libre circulation d'énergie et n'aurai plus besoin d'aller consciemment ou non, puiser dans l'énergie des autres à travers des mécanismes de **domination** (de contrôle) tels les plaintifs, les *victimes*, ceux qui contrôlent par le retrait, la dépendance, la colère, la maladie, etc. Nous développons tous, sans exception, des mécanismes qui nous permettent de puiser de l'énergie chez les autres qu'on le veuille ou non. De là, notre sensation étrange parfois d'être coincé, emprisonné. Notre vraie liberté passe donc par le lâcher prise afin de retrouver notre source d'amour et d'énergie, car le lâcher prise est la voie PREMIÈRE de l'amour de soi

Chapitre 2

QUE VEUT DIRE:

«LÂCHER PRISE»?

Toutes les personnes qui rencontrent un jour ce mot, soit par l'intermédiaire de quelqu'un ou par un besoin intuitif, choisissent, pour la plupart, d'*expérimenter* sa signification...

Le « Petit Robert » en fait ainsi la définition:

« Cesser de tenir, de serrer. Fig.: abandonner »

Nous entendons de plus en plus souvent ce mot. Il s'inclut doucement dans le répertoire « mondain ». Apporté par la vague des thérapeutes au cours des dernières années, il suscite un intérêt croissant.

En effet, nous vivons dans une société qui a créé chez l'individu des besoins grandissants, de toutes sortes. Notre système social occidental s'appuie beaucoup sur le respect de *normes* et de *critères* précis pour donner à l'individu son identité. Dès le berceau, nous sommes confrontés à s'encadrer dans ce système pour oublier peu à peu qui nous sommes vraiment et ce que nous sommes venus faire ici sur terre. Nous endossons le manteau du régime social auquel nous appartenons et inconsciemment nous nous laissons assimiler par celui-ci.

Même si dans le lexique vous trouvez la définition de « *norme* » et celle du mot « *critère* », je juge ici nécessaire d'en parler de façon très brève. Avez-vous déjà entendu l'expression: « Entrer dans la *norme* »? Cela veut dire se conformer à des attentes précises, (comportements, tenue) que quelqu'un ou un groupe de personnes a envers nous ou d'autres. Exemple: une loi, une moyenne, la normalité. Se conformer à une loi, être dans la moyenne, ce qui est normal.

Pour cela, la personne qui juge si je suis dans la **norme** ou non utilise des **critères**.

Un **critère**, c'est un outil de mesure choisi et retenu parce qu'il correspond à des **valeurs** culturelles, sociales, familiales dans un milieu donné et il sert à évaluer. Exemple: la taille, la langue, le sexe, la classe sociale, l'état civil, la tenue vestimentaire.

Une **valeur** est fondée sur des **croyances** en général répandues dans la société à laquelle nous appartenons. Ces **valeurs** sont endossées par la plupart des citoyens de cette société; elles peuvent aussi être partagées par des groupes, plus ou moins nombreux, ou à la **limite** par très peu de gens. Ces **valeurs** servent de base à l'établissement des **critères** et **normes**, ainsi qu'au fondement des jugements que nous portons sur soi et les autres. Une **croyance** peut toutefois ne pas être acceptée par quelqu'un. Cela dépend de l'éducation que cette personne a reçue à travers ce qui lui a été enseigné dans sa famille, à l'école et dans son milieu social, et ce approximativement entre l'âge de zéro et sept ans.

Ces influences contribuent à établir le système à partir duquel chaque individu bâtit son opinion, son jugement selon ce qu'il a entendu des personnes significatives qui l'ont entouré durant sa petite enfance. Cela donne comme résultat un rassemblement de personnes qui partagent les mêmes **croyances**, d'autres qui s'opposent à celles-ci car ont reçu une éducation différente, d'autres au contraire, soutiennent des **croyances** qui donnent naissance à de grands mouvements de **force** populaire. Une **croyance** exerce un très grand pouvoir sur notre vie. Cela détermine « tous » les choix que nous faisons et pour la plupart du temps à notre insu, car une **croyance** est non palpable et bien enracinée en nous, même si parfois nous pensons que nous sommes arrivés à nous en départir. Il faut choisir de la transformer si elle ne correspond plus à ce que nous voulons dans la vie. Pour cela, nous aurons à aller découvrir en nous certaines de ces **croyances** qui bloquent notre accès à la réalisation de nos désirs bénéfiques pour nous. J'en reparlerai un peu plus loin.

Ce petit passage peut paraître monotone pour certains, mais je vous invite à le relire au besoin et à consulter le tableau ci-joint:

Croyance populaire: les femmes minces sont plus attirantes.

Valeur: tout dépendant de ce qui lui fut enseigné comme croyance, une personne peut, ou non, être d'accord et fondera alors son opinion personnelle et son jugement d'elle-même et des autres sur celle-ci.

Critère: Ex.: tableau du poids santé selon la taille et le sexe chez la femme, mensurations, popularité auprès des hommes…

Norme: entrer dans la **norme**, c'est correspondre au poids inscrit selon la taille que vous faites et selon votre sexe. C'est être considéré « normal ». Ex. toutes les personnes ayant plus de 20% de la masse corporelle suggérée par le tableau du poids santé sont considérées comme obèses, donc en dehors de la **norme**. La **norme** étant que si une personne mesure X cm et est une femme, son poids idéal doit se situer entre Y et Z kg selon le tableau etc. ou encore entrer dans la **norme** serait aussi de posséder les mensurations valorisées par les stéréotypes féminins ou encore recevoir maintes invitations de la gent masculine.

Je souhaite que ces précisions vous aident à saisir ce que je veux vous transmettre, mais n'ayez crainte si vous ne comprenez pas vraiment, cela viendra... Je vous encourage à poursuivre votre lecture de ce qui vous paraîtra plus facile à saisir si tel est le cas. Je vous disais donc, avant de vous entraîner dans ma tentative d'élucubration philosophique, que dès le berceau, nous sommes plongés dans cette mer éducative, malheureusement dépourvue selon moi de l'essentiel, c'est-à-dire des rudiments de l'apprentissage de l'amour de soi et du pourquoi de notre venue sur cette terre.

Si je me suis risquée à vous parler de *croyances*, *normes*, etc, c'est que cela est drôlement important car la personnalité de l'individu se construit à partir de cela et par la suite influence toute sa vie. Pour arriver à renforcer les *croyances* que nous avons, quelles qu'elles soient, nous nous faisons arriver avec l'aide de notre *inconscient*, de notre âme et d'autres facteurs énergétiques des tas d'expériences souffrantes afin de nous prouver que nous « avons raison » de croire telle chose car au plus profond de nous, nous possédons bien enfoui notre ego qui contrôle nos actions, décisions, etc. Notre ego, complice de notre mental, ne veut pas perdre la face. Il est constitué de la somme des *croyances* que nous avons achetées de nos parents, école, système social, religieux, etc. étant enfant et que nous avons bien nourries par la suite à travers notre vécu. Nous devenons donc de plus en plus convaincus que ce que nous croyons est la vérité absolue et nous vivons en fonction de celle-ci, allant d'expériences en expériences pour continuer d'augmenter la puissance de nos *croyances* et leur donner ainsi de plus en plus de pouvoir pour contrôler notre vie. Lorsque nous ne correspondons pas à nos propres *croyances*, nous souffrons. Et cela jusqu'à ce qu'épuisés, nous rencontrions la maladie ou une autre épreuve qui tout à coup déclenche en nous le besoin de voir ce qui se passe en Soi.

36

Le lâcher prise est associé au contrôle. Ce mot fait bondir bien des personnes et sa simple lecture ou utilisation dans la conversation peut même agiter l'état intérieur de celles-ci, allant même parfois jusqu'à faire monter l'irritabilité et la colère. Ce symptôme, pathétique peut-être, s'avère néanmoins très révélateur des traits caractériels de l'individu alors en réaction. Certes, cette personne fait preuve dans sa vie de tous les jours de beaucoup de contrôle sur elle-même, les autres, les situations et son environnement.

Le contrôle exige de la personne une quantité énorme d'énergie pour le maintenir. Le système global de cet individu demeure en état d'alerte de façon constante et de plus en plus intensifié selon les expériences croissantes et multiples qui se présentent. Cela demande un contrôle grandissant, donc nécessite plus d'énergie pour « garder le contrôle »

J'ai le goût ici de faire la nuance entre le contrôle et la maîtrise. Contrôler, c'est chercher à dominer. Exemple: contrôler ses émotions en les refoulant pour ne pas perdre la face de façon consciente ou *inconsciente*, ou dominer une situation et chercher à obtenir un résultat à partir d'attentes que nous avons et qui viennent de soi ou des autres. Ex. demeurer un premier de classe ou le meilleur vendeur de l'année. Cela peut aussi être dominer l'autre. Ex. choisir à sa place ce que nous croyons meilleur pour lui, sans tenir compte vraiment de ses préférences à lui.

La maîtrise de soi vise plutôt l'équilibre dans notre relation avec nos émotions, afin d'en faire un outil d'évolution et permettre ainsi d'augmenter notre énergie vitale et de s'épanouir dans notre globalité.

Je dirais que le contrôle sert le mental, la personnalité alors que la maîtrise de sa vie est au service de notre âme, de *La Source* d'amour infini qui est en nous et autour de nous.

Nous exerçons tous à des niveaux différents de la *domination*. Nous avons chacun développé des mécanismes différents de *domination* qui sont gravés en nous et apparaissent lorsqu'une situation, selon nos *croyances*, nos *valeurs*, notre jugement nous paraît menaçante. Lorsque nous acceptons de penser que cela peut être vrai, nous ouvrons déjà notre coeur à l'amour de soi. La reconnaissance par nous-mêmes de nos *forces* et de nos *faiblesses* ainsi que la façon dont nous les utilisons permet à l'individu un contact privilégié avec son essence propre, c'est-à-dire avec la découverte de qui il est vraiment. Lorsque je sais devant qui je suis et que je connais de plus en plus ses réactions, je suis en meilleure posture de réagir favorablement à ce dernier. Il en est de même pour soi. Plus j'apprends à me connaître, à découvrir les diverses facettes de moi ainsi que mes réactions aux stimuli extérieurs, mieux je suis en mesure d'apprendre à m'aimer en m'acceptant tel que je suis et en travaillant sur moi, ce que je juge bénéfique de transformer. Ainsi, nous arrêtons d'accuser la terre entière, nous devenons responsables de notre personne et nous cessons de perdre de l'énergie à essayer de changer les autres. Nous cessons de lutter.

Là se trouve l'essentiel de ma définition du lâcher prise: « Arrêter de se battre ». Abandonner la lutte intérieure. Laisser être ce qui se doit pour le meilleur de notre évolution.

Surtout cela ne veut pas dire de s'en laver les mains, de devenir négligent, de laisser aux autres le soin de régler nos problèmes. Cela serait de l'irresponsabilité. Comme je l'ai dit plus haut, devenir responsable, c'est dans le « être », c'est-à-dire accepter que je suis «qui je suis» et assumer ce qui m'arrive en reconnaissant que toutes les situations que je vis sont créées par moi, pour m'amener de plus en plus au but de l'évolution de mon âme en cette vie sur terre.

Difficile à croire?... Je m'explique.

Nous avons tous des parents. Nous venons tous au monde. Nous mourrons tous. Nous avons chacun un corps physique, un esprit (intelligence) et une âme. Nous sommes tous des êtres spirituels, puisque nous sommes issus de **La Source** divine, Dieu Notre Père. Nous portons donc tous en chacun de nous cette divinité, que la plupart de nous toutefois nions, occupés à se conformer et à se perdre dans les exigences d'une vie sociale axée sur « le paraître » plutôt que « l'être ».

Qu'est-ce qu'un être spirituel? Qu'est-ce que la spiritualité?

Pour moi, prendre contact avec ma spiritualité, c'est reprendre contact avec **La Source** d'amour universel qui supporte ma venue sur terre. C'est redécouvrir qu'il existe en moi un endroit sacré, mon âme, où à l'intérieur il y a inscrit toutes les mémoires passées et la raison précise de mon passage ici. L'âme a une seule et grande mission: évoluer, monter de plus en plus vers la lumière, vers **La Source**, vers Dieu. Chaque vie que nous expérimentons comporte des éléments particuliers à chacun, qui donnent un sens à ce qu'il est venu faire sur terre et permet d'élever, par l'apprentissage reçu à travers ceux-ci, son âme.

L'âme est énergie divine. Nous sommes composés de cette énergie d'amour aussi, car Dieu est la plus puissante énergie qui existe et Il est amour. Par les années passées, nous n'avons pas réellement reçu d'enseignements sur ces vérités. Depuis les dernières décennies, un mouvement accéléré de guérison de la planète (maladroitement utilisée parfois pour le pouvoir et la

39

domination) crée chez l'humain ce même besoin inconscient, qui de plus en plus s'éveille dans la société, qu'est celui aussi de guérir ce que nous sommes venus guérir au niveau spirituel afin de remplir notre mission d'âme.

Afin d'y arriver, Notre Père envoie sur terre des messagers de lumière. Ceux-ci ont pour mandat de nous aider en nous enseignant de grandes vérités et des principes universels d'amour. Souvent, ces messagers (qui sont aussi énergie car l'Univers est énergie) prennent la forme d'entités d'amour canalisées par un *médium (channel)*. Ces êtres invisibles par la plupart des humains, ces messagers d'amour, passent par le *canal énergétique* (que chacun de nous possède) et envoient par celui-ci des informations aidant l'humain à apprendre de plus en plus à s'aimer et à répandre l'amour sur terre.

Certes, ceci n'est qu'une façon pour *La Source* de faire. Il y en a bien d'autres aussi, ne serait-ce que l'écriture automatique, la guidance par les rêves, la voix intérieure. Quoi qu'il en soit, il existe depuis les dernières années un phénomène d'éveil de la *conscience* chez beaucoup d'adultes et aussi de jeunes en état d'accueillir ce qu'ils ont à apprendre.

Je vous demande de ne pas juger l'information que je donne, simplement laissez-la couler en vous, sans vous y attacher ou la rejeter. Je sais que mes propos peuvent vous paraître insensés et farfelus mais pour moi aussi cela fut, quoique quelque chose me disait de ne pas totalement rejeter. Aujourd'hui je comprends, suite à mes expériences de vie et spirituelles que cela existe. Je ne tiens pas pour autant à changer votre vie, je désire partager mon vécu.

Certes, je pourrais utiliser de grands principes et élaborer sur les lois naturelles et universelles, mais malgré la complexité du sujet, j'espère jusqu'ici garder votre intérêt. Je crois que la connaissance de ce que je vous transmets peut vous aider à apprendre à lâcher prise, car vous aurez devant vous plus de bagage de connaissances et serez mieux éclairés pour prendre votre décision de lâcher prise.

J'ai le goût de vous prévenir que tout ceci n'est pas un jeu, au contraire cela est la base de la vie. Même lorsque je parle de *médium*, vous serez à même de constater votre réaction face à vos *croyances*, *valeurs*, qui fondent votre jugement et déterminent la signification de ce mot en vous. Pour quelques-uns cela est associé au charlatanisme etc., pour d'autres cela se vit aussi dans une réalité et dimension possibles sur terre, faisant partie du travail de lumière que certaines personnes ont choisi d'*expérimenter* sur cette planète pour les aider et aider les autres. J'utilise cet exemple pour vous permettre de commencer à saisir comment agissent nos *croyances*. Elles créent nos mouvements de fermeture et d'ouverture. Cela est possible à transformer si vous le choisissez, rendant plus souple votre existence.

Je vous disais donc, que l'âme a pour mission de s'élever à travers ce qu'elle est venue *expérimenter*. En effet, avant de s'incarner, de prendre un corps terrestre, l'âme rencontre des êtres de lumière, des *guides* célestes de très hauts niveaux, qui l'aident à choisir ce qui sera le plus bénéfique pour elle de venir guérir sur terre, pour l'aider à grandir.

À partir de notre *karma*, nous avons tous des *blessures* à guérir, tirées de vies passées et ce sont parmi celles-ci que notre âme et le conseil des *guides*, du *karma*, et de l'*incarnation* décideront ce qui est le plus aidant à guérir. Il peut à cela s'ajouter d'autres mandats précis toujours reliés à *La Source* divine, à son service et à l'apprentissage de l'amour.

41

<u>Mission de l'âme</u>: Ex. *expérimenter* et guérir l'abandon et répandre la lumière sur terre.

Cette âme qui choisit ceci a besoin pour l'aider, de la complicité d'autres âmes qui sur terre l'aideront à remplir sa mission. Certes, toutes ces décisions se passent à un niveau *vibratoire* donc nous n'en avons aucun souvenir. Nous avons conclut avec certaines âmes une entente, si je puis dire, d'aide mutuelle à la réalisation de nos missions personnelles.

Ainsi seront déterminés nos parents, famille, milieu social, nationalité... selon ce qui est le plus adéquat pour nous aider. Il y a parfois résistance pour l'âme juste avant d'entrer dans le corps humain, à un moment choisi pendant la grossesse. L'âme qui a choisi de guérir quelque chose de très douloureux a le goût de revenir sur sa décision... car elle sait ce qui l'attend de souffrance.

Cette dernière pour atteindre son but, se créera avec l'aide de ses *guides*, des situations de vie en rapport direct avec ce qu'elle a choisi de guérir. Par exemple, l'un des parents l'abandonne dès la naissance. L'âme sentira déjà cela alors qu'elle est dans le corps de l'enfant en gestation. Puis, maintes autres situations d'abandon dans sa vie, durant la petite enfance, avec les amis, la famille, le milieu social, etc. Elle se bâtira aussi une personnalité en lien direct avec ses *blessures* à guérir. Ex. inconsciemment, elle peut devenir contrôlante pour elle et autour d'elle, afin de dominer les personnes et les situations qui pourraient lui faire vivre de l'abandon. Elle s'en va donc à l'encontre de son choix d'âme de guérir l'abandon. Mais nous ne sommes pas conscients de ce choix. Nous avons toujours appris à vivre avec notre personnalité. Ce que nous ne savons pas, c'est que celle-ci ne veut pas souffrir et développe un tas de mécanismes de défense car elle ignore la partie spirituelle qui fait partie d'elle et qui est même la plus importante. Le jour où nous nous éveillons à la découverte de notre spiritualité, nous devenons, si nous choisissons, de plus en plus maître de notre vie.

Lorsque nous mourrons, ce ne sera pas sur notre beauté, nos biens matériels que nous aurons à rendre compte, mais bien sur l'amour, sur la réalisation de notre mission d'âme. Quand je parle d'amour, ce n'est pas d'amour humain, sensuel, charnel, mais de cet amour divin, universel qui nourrit la base de soi et la terre entière. Cette nuance est fort importante. Là n'est pas de croire que l'amour humain est non bénéfique, il est plutôt une forme d'amour dans l'***inconditionnel*** qui est réellement possible que si d'abord nous apprenons à nous aimer nous-mêmes.

L'amour ***inconditionnel*** demande le lâcher prise. L'amour ***inconditionnel*** demande d'accepter l'autre sans condition et pour cela nous devons avant tout s'accepter soi-même, car sinon nous risquons dans nos relations de toujours chercher à changer l'autre, les autres, voulant les mettre à notre image, pensant que nous sommes « corrects » en rapport avec ce que nous avons acheté, petits, de ***croyances***. Nous nous bernons. Illusion...

Je suis convaincue que vous avez un jour ou l'autre essayé de changer quelqu'un. Cela se passe dans l'***inconscient*** et requiert une grande dépense d'énergie.

Parce que nous jugeons que ce que nous pensons, nos attitudes face aux situations sont adéquates, en lien avec nos ***valeurs***, nous considérons que la personne qui pense ou agit différemment de nous n'est pas « correcte ». Alors nous commençons à vouloir la changer, la manipuler pour son bien. Voilà le contrôle qui s'installe. Cela est le plus souvent ***inconscient***, mais aussi conscient parfois.

La personne contrôlante est en général bien *inconsciente* du pouvoir qu'elle exerce sur l'autre ou sur une situation. Elle est en permanence occupée, par l'exercice de son contrôle, à prévenir toute situation de souffrance. Si sa *blessure* est l'abandon par exemple elle se dit inconsciemment: «Si j'arrive à tout contrôler, alors personne ne peut m'abandonner car j'ai le contrôle». Et cela s'exerce toute la vie et nourrit toute une personnalité qui a toujours peur de l'abandon car elle se cache pour éviter d'y faire face. Se produit en réponse à cela qu'elle vit quant même l'abandon car l'âme, elle, se souvient de ce qui est à guérir et envoie des expériences terrestres de plus en plus fortes, pour atteindre son but. Car pour guérir une *blessure*, il faut la regarder et la soigner. En la fuyant, cette *blessure* s'aggrave. Si bien que la personne en réponse aux expériences terrestres (deuil, divorce, perte d'amis, etc.) de plus en plus douloureuses ne comprend pas ce qui arrive, se croyant correcte et renforce bien inconsciemment alors le contrôle sur elle et autour d'elle, jusqu'à ce que cela éclate. Alors malheureusement, les dommages sont souvent irréversibles mais même à cela cette personne peut dire merci, car sans toutes ces expériences de vie parfois bien difficiles, elle ne pourrait peut-être pas prendre contact avec elle-même. Plus elle devient consciente du pourquoi de ces expériences dans sa vie, plus il est facile pour elle de transformer sa vie en reconnaissant les *blessures* reliées et en les guérissant.

Vous êtes déjà ici plus en mesure d'identifier des situations dans lesquelles vous avez voulu « contrôler » en voulant changer quelqu'un qui ne répondait pas à ce que vous désiriez de lui, de sa personnalité. Cela se passe dans le quotidien et n'oubliez pas que vous êtes *inconscient* de ce contrôle (à présent vous en serez de plus en plus conscient). Vous pensez dire ou agir pour le bien de l'autre ou des autres et vos *croyances*, *valeurs* vous confirment que vous détenez la bonne voie alors que vous êtes à créer la difficulté de respirer, la colère faussement dirigée vers vous et autrui car vous provoquez, en n'étant pas dans votre coeur mais dans votre tête... Difficile à croire?

Être dans son coeur, c'est être dans l'amour **inconditionnel**. C'est accepter l'autre tel qu'il est sans vouloir qu'il pense ou agisse selon nos choix et **valeurs**. Nous pouvons ressentir beaucoup d'amour pour quelqu'un: conjoint, enfant, ami, compagnon de travail, mais ne pas l'aimer sans condition. Souvenez-vous de la nuance entre l'amour humain et l'amour divin qui est **inconditionnel**. Aimer de façon **inconditionnelle** c'est être un guide pour l'autre non pas tenter de le diriger. C'est accepter que même si parfois nous ne comprenons pas telle attitude, tel comportement, nous ne sommes pas d'accord avec cela et bien nous continuons d'aimer cette personne sans condition et le lui exprimons de préférence.

Être un guide, c'est faire preuve de lâcher prise en faisant connaître à l'autre les conséquences des choix qui lui sont offerts et en le laissant libre de choisir. Ainsi l'autre deviendra responsable de sa vie en assumant les conséquences de ses choix de façon éclairée par vous et en sachant qu'il peut faire confiance en votre amour et votre respect.

En lâchant prise auprès de l'autre, vous lui permettez de vivre les expériences que son âme a choisies de vivre sur terre afin de réaliser sa mission. Cela ne veut pas dire devenir négligent et fermer les yeux. Au contraire cela vous demande d'être de plus en plus attentif à ce qui se passe en vous, de réactions et d'émotions face à l'autre.

Il en est de même pour les situations. Si vous essayez de contrôler une situation (inconsciemment ou consciemment) vous risquez fort à un moment ou l'autre de perdre le contrôle. Pouvez-vous contrôler les phénomènes atmosphériques, les humeurs des personnes qui vous entourent, la maladie, la mort, le réfrigérateur qui tombe en panne, la voiture qui dérape?

Donc, à chaque fois que vous vivez des réactions face à cela, c'est que vous essayez d'exercer du contrôle malgré vous ou de plein gré et cela vous demande de l'énergie que vous n'aurez plus pour vos besoins réels.

Vous aurez toujours deux choix devant les situations ou autrui:

contrôler:
-retenir, lutter, vous battre, essayer de faire comprendre que vous avez raison, répéter, juger, critiquer;

ou

lâcher prise:
-laisser l'eau couler dans la rivière et écouter le chant de l'eau en vous, c'est-à-dire reconnaître que rien n'arrive pour rien et que toute situation s'avère constructive. Allez dans le sens du mouvement, être un guide et apprendre l'amour *inconditionnel* pour soi et les autres.

♥ ♥ ♥

Maintenant que vous commencez à saisir davantage le sens du lâcher prise, permettez-moi de vous brosser brièvement un tableau des propos jusqu'ici tenus.

-Le besoin de contrôler est *inconscient* et vient de nos *blessures* passées dans cette vie, en lien direct avec les *blessures* de vies passées que nous choisissons de venir guérir sur terre, dans cette vie.

-Pour arriver à remplir notre mission d'âme, c'est-à-dire apprendre à s'aimer en guérissant nos *blessures*, nous devons *expérimenter* des situations de vie terrestre choisies par notre âme. Notre entourage familial, social tient aussi de ce choix, et sert d'outil pour arriver à notre but. Cette entraide est mutuelle.

-Nous nous créons une personnalité à partir de *croyances* collectives, sociales et familiales que nous avons décidé d'acheter des personnes significatives, importantes, pour nous durant la petite enfance et des *blessures* vécues durant cette période en lien avec notre choix d'âme, notre mission, Ex. peur de l'abandon, du rejet, du jugement des autres, etc.

-Le besoin de contrôler survient dès que nous nous sentons menacés, que quelque chose ou quelqu'un n'agit pas ou ne va pas dans la même ligne de pensée que nous avons et qui fait partie de notre personnalité.

-Il y a différentes manières de contrôler: *victime*, maladie, retrait, exercice du pouvoir, etc.

-Le contrôle s'oppose au lâcher prise.

-Le lâcher prise permet de réaliser notre mission d'âme, de devenir responsable de soi, de guider, d'apprendre à s'aimer en se connaissant davantage et en s'acceptant, de goûter à la vraie liberté, de prendre contact avec notre coeur divin, de s'épanouir et d'être heureux et en paix.

Vous êtes bien parti et avancez courageusement dans votre lecture.

Souvenez-vous que si vous éprouvez de la résistance, c'est que ce livre est pour vous et vous apportera l'aide dans le respect de vos **limites**.

Relire alors l'avant-propos vous motivera à poursuivre. Vous avez toutefois toujours le choix de mettre le pied sur le frein ou d'appuyer sur l'accélérateur. Bonne route!

♥ ♥ ♥

Chapitre 3

CHOISIR D'EXPÉRIMENTER

LE LÂCHER PRISE

Pour arriver à lâcher prise, une condition est essentielle: « Choisir » de lâcher prise.

Qu'est-ce que cela implique? Pourquoi faire ce choix? Quels en sont les bénéfices réels dans ma vie de tous les jours? Qui peut lâcher prise?

Et bien choisir de lâcher prise, c'est choisir de se transformer, de reprendre contact de plus en plus avec « qui je suis », à travers cet exercice dans notre vie.

Choisir de lâcher prise, c'est choisir de m'aimer en ne dépensant pas inutilement énergie et ressources autour de moi et en moi. C'est aussi me respecter et accepter de voir la vie avec les yeux du coeur.

Je me rappelle lorsque suite à une série de situations difficiles, j'ai perdu le contrôle. J'ai alors fait un burn-out et me suis retrouvée assise dans le cabinet d'une thérapeute. J'entendais en dedans et en dehors que j'avais à apprendre à lâcher prise. Je n'arrivais même pas à entrevoir la signification de ce mot car j'avais appris au fil de ma vie, à me construire une carapace, une armure blindée derrière laquelle je m'étais blottie, me pensant en sécurité. Il n'était pas question de vouloir changer et tout ce qui parlait de lâcher prise devenait incompréhensible pour moi. D'ailleurs je n'avais pas vraiment entendu cette expression avant. En effet, une partie de moi, de ma personnalité, de mon ego refusait de perdre sa place et pour cela me créait des blocages, des résistances pour m'empêcher de saisir la signification du lâcher prise. C'était comme une espèce de brouillage des ondes qui m'empêchait de décoder la vibration du lâcher prise et ainsi me refusait de l'*expérimenter*. Alors je demeurais prisonnière de mon armure même si je désirais de tout mon coeur apprendre à lâcher prise.

51

Cela dura neuf mois. J'étais bien enveloppée et le poids des **blessures** passées de l'abandon, de la peur de ne pas être aimée, avait fait très mal et mon armure épaisse était de plus en plus lourde à porter. Je demandais bien: « Comment je peux faire ça, lâcher prise? » et l'on me répondait: « Cherche en dedans de toi ». Je ne le savais pas mais cette réponse était parfaite pour moi, car j'avais à élever mon désir d'apprendre à lâcher prise. Si cela m'avait été donné sans que je cherche au fond de moi, il y aurait eu risque d'utiliser le lâcher prise non point pour mon évolution, mais pour flatter ma réussite une fois et ensuite abandonner, pour revenir à mes « patterns » passés.

Quelque part à l'intérieur de moi, je sentais le besoin grandissant de me libérer par le choix de lâcher prise. Je sais à présent combien sont enracinées en nous nos **croyances**, nos **valeurs**, combien est collée à notre respiration l'image tangible que nous souhaitons projeter, parfaitement concordante à l'armure que peu à peu nous nous construisons afin d'éviter d'être blessés.

Je suis allée à des conférences et j'ai lu sur le sujet mais je ne saisissais pas. Ma personnalité était forte et cherchait à enterrer ma petite voix intérieure qui voulait m'aider, cette voix de mon coeur que trop souvent j'avais repoussée, pensant que je n'avais pas le temps de m'y arrêter ou qui me faisait peur à écouter surtout.

J'en étais venue à cet état d'épuisement, à ce sentiment que ma vie basculait après être allée au bout de moi-même, après avoir dépassé mes **limites** de toutes sortes, très occupée que j'étais à chercher inconsciemment mon bonheur dans celui des autres et autour de moi.

Cela vous est-il déjà arrivé de tout faire pour rendre quelqu'un heureux et en bout de compte, vous sentir vidé et déçu du résultat? Même choqué après vous, camouflant votre colère? Fort probable...

Nous éprouvons tous le besoin d'être aimé et cela consciemment ou non. L'amour est notre nourriture essentielle. Pour être aimé, recevoir de l'attention, de la tendresse nous sommes prêts à « faire » beaucoup. La recherche du bonheur par l'humain est axée en général sur l'extérieur. Si nous répondons aux exigences sociales, familiales, aux besoins de « paraître » dans la *norme* etc. cela demande une énergie considérable. D'autant plus que toutes les actions que nous posons pour satisfaire ces demandes sont le plus souvent non pas un choix de notre coeur mais plutôt de notre personnalité, de notre ego qui nous font croire à l'illusion qu'« avoir » et « être conforme » à un profil social c'est ça le chemin du bonheur. Alors que très jeune notre ego nous informe de ceci, nous enclenchons très vite un système de pensées et une manière d'être pour répondre aux besoins de notre ego, pensant ainsi être aimé... Et voilà que ce jeu nous piège. Nous centrant de plus en plus sur la recherche du bonheur en dehors, à travers les biens matériels, l'exercice du pouvoir, l'argent, la beauté physique et j'en passe. Nous nous coupons graduellement de nous-mêmes, des choix de notre âme et de ce que nous sommes venus faire sur terre.

Puis nous vivons dans une société de consommation qui a vite détecté le jeu de l'ego et qui pour dominer l'humain ne cesse de créer des besoins illusionnels, de faux besoins, afin que pendant que l'individu est occupé à travailler pour subvenir à cette masse croissante de besoins extérieurs, il ne lui reste aucun temps libre pour aller contacter à l'intérieur de lui Sa vérité. Il demeure soumis, à son insu, au pouvoir grandissant d'une société qui exerce son «pouvoir» par un contrôle subtil de l'individu étourdi et de plus en plus prisonnier d'un système, mais surtout de lui-même.

Mais voilà, quelle est la définition du pouvoir? Pour ma part, je pensais jusqu'à il n'y a pas longtemps que le « pouvoir » appartenait à celui qui est le plus fort, le plus riche, le plus travaillant, le plus intelligent... et que la réussite de sa vie passait par l'utilisation de cette forme de pouvoir afin d'arriver à atteindre ses idéaux. Cette définition ne correspondant pas du tout à celle du vrai pouvoir, mais encore là, correspondant plutôt à une idéologie (c'est-à-dire une forme de pensée collective) créée par la société pour dominer la puissance intérieure de l'humain.

Si nous arrivions tous chacun à notre tour, à reprendre contact avec ce qu'est le vrai pouvoir, il y a de fortes chances que la société telle que nous la connaissons présentement prendrait un virage autre, car les *valeurs* et *croyances* personnelles et collectives peu à peu se transformeraient au profit du mieux-être personnel de chaque individu la composant. L'aspect financier par exemple, qui est l'un des facteurs majeurs du contrôle social, se verrait passer graduellement à un rang inférieur en importance, car l'individu, exerçant son vrai pouvoir, prioriserait davantage les *valeurs* humaines et spirituelles. J'espère que j'arrive à vous traduire mon hypothèse de façon assez claire. En effet, les dirigeants auraient peu à peu à s'ajuster aux *valeurs* nouvelles et à la masse croissante des gens qui ne consommeraient plus assez de biens et services « inutiles » actuellement prônés. L'avantage pour les gouvernements et régimes sociaux, c'est de faire taire « la voix intérieure » de chaque personne et au contraire, de la remplacer par un tapage publicitaire ou autre. Pour arriver à leur but, les dirigeants utilisent des outils tels les média qui souvent traduisent de façon erronée tout ce qui touche à la spiritualité et à l'éveil de la *conscience* (c'est-à-dire à tout ce qui pourrait amener un individu à découvrir l'essentiel qui est en lui et la puissance qui l'habite). En ridiculisant, en niant ou en interprétant de façon biaisée les propos et/ou expériences spirituelles d'une personne à travers son quotidien, cela donne un impact sur la collectivité et la frappe des média est malheureusement très puissante actuellement, donc elle contrôle la pensée collective. De plus, en entretenant des propos négatifs et en les véhiculant quotidiennement dans les journaux, sur les ondes, cela stimule l'aspect « ombre » de l'humain qui est de façon naturelle plus porté à voir le négatif que le positif. Avez-vous déjà pensé que si les journaux de façon journalière ne racontaient que des événements heureux, il y aurait peu de lecteurs, peu d'argent alors collecté en impôts, venant de ces compagnies publicitaires? Donc, le négatif nourrit et stimule le négatif chez l'humain, crée la critique, divise l'opinion publique et permet ainsi un exercice du « pouvoir » plus grand par les parties dirigeantes. Entretenir certains mythes et ***croyances*** est donc avantageux pour un gouvernement qui lui-même se berce de ses illusions, car chaque personnage politique est avant tout un être spirituel qui a la même mission d'apprendre à s'aimer, qui mourra un jour et aura à répondre aux mêmes questions à savoir s'il a réussi sa mission sur terre, non pas s'il a réussi à imposer ses couleurs...

Cela fait réfléchir. Être dans notre pouvoir, c'est choisir pour soi le chemin de l'amour. C'est toujours choisir ce que l'on sent être la meilleure décision en sachant consciemment les conséquences des diverses solutions qui sont offertes. C'est choisir d'assumer de vivre avec les impacts de nos choix non pas en fuyant derrière ce qui semble le plus aisé et le plus facile mais plutôt en écoutant notre voix intérieure qui nous indique clairement quelle décision est la meilleure pour aider l'évolution de notre âme. Il n'y a pas d'erreurs, il n'y a que des expériences car chaque situation de vie nous est donnée pour nous permettre de découvrir à travers celle-ci des capacités nouvelles que nous puisons en nous. Aller vers la solution la plus courte, la plus facile est souvent tentant et peut s'avérer parfois un temps de repos dans l'illusion de ce qu'est la vie.

Mais voilà, l'école d'apprentissage la plus fructueuse est souvent au contraire celle apparentée au choix de la solution la plus astreignante qui nous fera prendre de plus en plus contact avec notre pouvoir intérieur. Ceci est toujours constructif.

À chaque jour, j'ai l'opportunité de rechoisir ma vie et même plusieurs fois par jour. Certes vous me direz que cela est complètement stupide et irrationnel. Pour vivre dans son coeur justement, il faut cesser de n'être que rationnel afin de laisser plus de place à la voix du coeur, de l'âme qui indique notre chemin.

Un exemple banal: le frigo est vide, il fait froid, je n'ai pas le goût de sortir. J'ai alors au moins deux choix:

-choisir de défier le froid et aller au marché puis revenir avec mon besoin comblé;
ou

-choisir de ne pas sortir, de faire des activités autres durant ce temps.

En conséquences: si je choisis la première solution, mon besoin de me nourrir sera comblé et il est probable que je serai satisfaite de l'effort fourni. Au contraire, si j'opte pour la deuxième solution, il arrivera sûrement un moment où je serai affamée et regretterai de ne pas y être allée, alors que le marché sera peut-être fermé. Il y aura frustrations et sentiment d'être une victime devant cette situation. J'accuserai sans doute la température extérieure ou le manque d'argent qui m'empêche d'avoir une voiture et m'oblige à marcher. Je remets ainsi mon pouvoir à la température, au manque d'argent et perds de l'énergie inutilement en blâmant ou m'en voulant.

La personne qui « est dans son pouvoir », qu'elle choisisse l'une ou l'autre des solutions sera entièrement responsable de son choix. Avant de choisir, elle aura à regarder quels sont les résultats potentiels de chacun des choix qui lui sont offerts, puis se respectant dans ses **limites**, elle décidera d'opter pour l'une ou l'autre, n'accusant personne, ni aucun facteur extérieur. Elle reconnaît par exemple, que la seule responsable de son besoin non comblé de nourriture est elle-même et non pas le manque de ci ou de ça, ou toute autre raison trouvée pour se justifier. Cette personne demeure dans « Son Pouvoir », elle devient responsable d'elle-même et sait que chaque situation est une expérience nouvelle pour mieux apprendre à se connaître.

Vivre de plus en plus en gardant notre pouvoir personnel, c'est éviter aussi de le laisser à d'autres ou a des situations. Lorsque je fais mes choix en fonction des autres, je ne suis pas dans mon pouvoir, je « donne » mon pouvoir. Lorsque je laisse les réactions des autres me perturber, m'étouffer, me rendre dans des états d'âme difficiles à vivre, je « donne » mon pouvoir. Lorsque je ne m'affirme pas, lorsque je ne prends pas ma place, je « donne » mon pouvoir. Lorsque j'ai des attentes envers les autres suite à mes désirs souvent non exprimés, je « donne » mon pouvoir. Il est important d'apprendre à se respecter en respectant aussi les autres. C'est cela l'exercice du pouvoir personnel qui ne s'utilise pas aux fins de dominer mais juste dans le but d'apprendre à s'aimer davantage et cela va de soi, à être aussi graduellement capable d'aimer de façon **inconditionnelle**.

Exercer son pouvoir de façon saine est lié au lâcher prise, car c'est aussi accepter que le résultat qui découlera de notre décision ne sera peut-être par celui espéré ou le sera, mais de façon différente de ce que nous avions projeté. C'est faire confiance à l'Univers, à Dieu, à Soi et au mouvement terrestre, en reconnaissant que l'expérience sera bénéfique à notre apprentissage dans l'amour et non dans le contrôle, la colère et la peur.

Choisir d'*expérimenter* le lâcher prise, c'est abandonner le contrôle que l'on exerce (souvent à notre insu) sur soi ou les événements de notre vie. C'est apprendre à travers ces expériences à mieux se connaître, à apprivoiser et accepter les parties de nous dont nous ignorions la présence et apprendre à les utiliser de façon constructive. *Expérimenter* le lâcher prise, c'est choisir d'enlever notre masque pour aller voir ce qui se cache derrière. C'est aller à la rencontre de ce personnage façonné que nous avons créé. C'est voir et enlever tous les pansements et bandages que nous avons installés sur nos *blessures* d'enfant, au fil de notre vie.

Choisir d'*expérimenter* le lâcher prise, c'est accepter que lorsque la plaie est à l'air libre pour un moment, elle fait plus mal, elle brûle. Elle est sensible et vulnérable. C'est donc accepter de reconnaître qu'en soi il y a aussi la sensibilité et la vulnérabilité. C'est découvrir les peurs qui habitent les *blessures* qui y sont associées et choisir d'aller vers ces peurs afin de les dépasser.

Choisir d'*expérimenter* le lâcher prise, c'est arrêter de jouer à la femme forte, à l'homme invulnérable... C'est découvrir qu'il y a en chaque individu un *Yin* et un *Yan*, c'est-à-dire une partie féminine et une partie masculine et que ces deux parties doivent tendre à un équilibre.

Choisir d'*expérimenter* le lâcher prise, c'est accepter de reprendre contact avec le plus important: notre intérieur, afin ensuite de vivre sainement dans notre univers extérieur. C'est se recentrer sur soi non pas dans le rejet et le désintéressement des autres, mais dans un acte d'amour pour soi. C'est accepter que pour un moment, je pense à moi avec amour afin de donner ensuite avec détachement et amour ***inconditionnel***.

Lâcher prise, penser à soi, prendre un temps de recul intérieur, quelques minutes par jour ou de façon aléatoire lorsque nous en sentons le besoin, c'est développer une hygiène spirituelle. Aussi importante, voir même essentielle, elle permet de garder contact avec notre connexion directe aux ***forces*** de l'amour divin qui se veut notre source de vie, en dehors de toutes religions ou idéologies. Cela fait partie des lois universelles qu'une ***force*** de vie créatrice et universelle est présente, supporte notre action sur terre et attend notre retour avec amour. Cette vérité n'a pas a être justifiée ou soutenue par aucune dictature, aucun pouvoir extérieur, elle est...

Lâcher prise, c'est aussi en apprenant l'amour et le respect de soi, voir notre être se transformer et considérer avec un oeil plus juste les lois de ce monde dans lequel nous évoluons. C'est aussi découvrir qu'apprendre à s'aimer n'est pas de l'égoïsme. Ce mot, formé de « ego », se veut plutôt la fixation des objectifs de notre vie à partir des désirs et ***valeurs*** de notre personnalité malade et cachée derrière son masque. L'égoïsme pour moi est une forme de « penser à soi » en « je », « me », « moi », c'est-à-dire en centrant uniquement le bien-être sur l'assouvissement des désirs créés par l'ego et nourris par notre environnement. C'est agir ou penser en fonction uniquement d'exercer notre pouvoir dans le contrôle et la ***domination*** (la plupart du temps à notre insu) et non avec amour.

J'ai vu et entendu beaucoup de gens réagir fortement à mes propos lorsque je leur dis pas exemple: « Pense à toi, arrête de vivre uniquement pour les autres, apprends à t'aimer ».
Généralement, je reçois une réaction de recul dans le non verbal. La personne fait un pas en arrière, recule sa chaise, se croise les bras, montre d'autres signes du corps qui indiquent

la difficulté, l'incapacité même pour cette personne de recevoir et encore moins d'accepter cette affirmation. Ne lui a-t-on pas dit enfant que « penser à soi » était de l'égoïsme et était une faute punie par le Père éternel et mal vu dans la société? N'a-t-elle pas de son mieux enseigné à ses enfants à penser aux autres avant tout, mettant ses besoins et **limites** personnels de côté? Il n'était pas question d'amour de soi mais plutôt de souvent « s'oublier pour soulager ».

Notre culture a reçu en héritage des messages, venus entre autres de la religion et entretenus, perpétués à travers les décennies par notre schéma social. Interprétés comme de l'abnégation de soi, ces messages prônaient souvent le salut de l'âme par l'oubli de soi. Je demeure convaincue que Dieu nous ayant créés ne désire pas que le bien à autrui passe essentiellement par la non reconnaissance, l'ignorance et le non amour de soi. Cela dit, je n'établis pas le procès de l'enseignement religieux, mais j'y puise ici simplement une vision de celui-ci qui me fut transmise enfant et qui pour ma part maintenant ne fait plus partie de mes **croyances**.

Je crois fermement à présent que pour arriver à aimer de façon libératrice, c'est-à-dire de façon **inconditionnelle** l'autre, je dois avant tout apprendre à m'aimer, à me respecter. Malheureusement transmis de père en fils, de mère en fille, ces messages se sont enracinés dans l'**ego collectif** de chez-nous. En venant au monde dans notre société, nous endossons donc cette forme pensée. Il est difficile de s'en départir et encore faut-il parvenir à identifier que quelque part en dedans de soi, nous avons acheté cette **croyance**: si je pense à moi, je suis égoïste et je peux faire du mal à quelqu'un par ma décision de penser à moi, par mon comportement et ainsi être une « mauvaise personne ».

L'égoïsme pour moi est bien différent de l'amour de soi. Permettez-vous un instant de penser que ma réflexion peut être valable et différente de ce que vous croyez depuis toujours. Ne jugez pas ma vision mais tentez de l'apprivoiser ou du moins d'en reconnaître l'existence.

L'égoïsme, c'est: Je pense à moi au détriment d'autrui, c'est-à-dire que je centre uniquement mes faits et gestes sur moi-même avant tout, sans tenir compte des conséquences sur les autres mais plutôt en cherchant inconsciemment à répondre à mes besoins, mes désirs, créés par mon ego, ma personnalité et ainsi exercer du contrôle.

Cela se produit lorsqu'une personne ne se connaît pas réellement et vit dans l'illusion d'elle-même. En général très occupée à répondre aux **normes** sociales, elle est convaincue que répondre aux « besoins » qu'elle ressent est l'action juste. Vivre dans l'égoïsme conduit au mal-être intérieur et à la fuite à travers: l'alcool, la drogue, le travail, les loisirs... car cela demande à la longue de plus en plus d'énergie pour refouler sa vérité intérieure au profit de l'image sociale créée. Au fil du temps, l'égoïsme déguisé conduit à une foule croissante d'obligations que nous nous créons afin de répondre de plus en plus aux exigences de notre ego insatiable et contrôlant. Il est facile de dépasser alors sans le savoir, nos **limites** et le plus drôle c'est que nous continuons de penser que nos décisions sont pour le bonheur des autres alors qu'elles servent notre ego et le nourrissent, au contraire. L'égoïsme nous conduit donc à l'exercice du contrôle pour assouvir nos faux besoins, notre personnalité et va donc ainsi à l'encontre du lâcher prise.

L'égoïsme se cache aussi derrière le comportement du perfectionniste qui, pour satisfaire ses désirs et tenter de se faire aimer, exécute mille courbettes et épuise ses ressources, ne constatant pas qu'il joue le jeu de l'ego qui continue de se gonfler et d'exprimer de plus en plus de besoins. Nous aimons mal alors. En plus de se nier soi-même (en pensant le contraire) car nous ne nous connaissons pas véritablement, nous pensons à travers tout ça aimer les autres. Cela est faux, car dans ce jeu, nous aimons les autres à la condition qu'ils servent à satisfaire notre ego. Cela est peut-être subtil à saisir, mais est en fait très réel. Nous créons un système d'attentes centré sur nos besoins (***inconscients***) et nous espérons que les autres y répondent « à notre manière ». Nous pensons alors avoir eu raison et continuons de faire avancer la roue. Si les autres refusent ou répondent à nos attentes d'une façon autre que celle que nous avions projetée, consciemment ou non, et bien nous nous croyons blessés, ***victimes*** de l'injustice, en perte de contrôle et mal aimés. De là l'exigence croissante pour nous de performer afin de satisfaire nos besoins illusionnels et de chercher le bonheur en dehors de soi. J'appelle cela « la course à l'amour »...

Exemple d'égoïsme: Votre adolescent désire porter des jeans déchirés aux genoux pour aller à la fête de famille. Vous vous y opposez prétextant que ce n'est pas une tenue adéquate. Cela provoque colère réciproque, perte d'énergie, absence d'amour. Ceci est de l'égoïsme car c'est l'orgueil de parent qui a peur de se faire juger comme un mauvais parent qui a mal enseigné « l'étiquette ». Inconsciemment cela est perçu par votre personnalité comme un échec à votre enseignement et remet votre rôle de parent éducateur en question. Vous agissez ici pour satisfaire votre plaisir de voir votre enfant en tenue vestimentaire correspondant aux ***normes*** sociales.

L'amour de soi ici, le lâcher prise, serait alors de reconnaître votre réaction, vos émotions (frustrations, rage, déception...) et de l'exprimer calmement à votre enfant et également de lui laisser le choix de sa tenue après lui avoir indiqué les conséquences possibles de ses choix. Puis vous vous détachez totalement du résultat qui ne vous appartient pas. Ceci est l'expérience de votre enfant. Vous vivez la vôtre en étant responsable de vous et en vous aimant et vous acceptant avec vos **limites** à travers cette expérience. N'ayez aucune attente. C'est ça lâcher prise. Libérez-vous de la peur d'être jugé, graduellement à travers ce type d'expériences. Voilà un grand cadeau.

L'amour de soi est beaucoup moins véhiculé dans les propos mondains; ce concept commence toutefois à se faire connaître et s'étend à une masse grandissante de gens. La notion d'amour de soi est intangible et il est important d'en saisir le sens exact. Cela s'oppose à l'égoïsme et est indissociable du lâcher prise.

Parlons un peu d'amour. Nous avons tous appris pour la plupart, qu'il y a un Dieu (je ne fais pas référence ici à une religion mais plutôt à cette **force** d'amour, d'énergie universelle qui veille sur l'univers), rempli d'amour et de puissance. Puis nous avons mis ça de côté, pressés d'**expérimenter** une autre forme d'amour plus près de nous et qui piquait notre curiosité dans le désir présent ou caché de le découvrir. Cette forme d'amour est terrestre. Elle se définit comme: l'amour humain, relationnel. Malheureusement elle s'expérimente souvent non pas dans le but de se découvrir à travers l'autre et d'apprendre à s'aimer et à s'accepter mutuellement. Elle se vit plutôt à travers un contexte social d'offres et de demandes, de relations de pouvoir parsemées d'égoïsme déguisé et de conditions au don de l'amour. Ce qui réjouit l'ego.

L'amour relationnel devrait être imprégné de l'amour divin qui habite en chacun. Mais comment utiliser quelque chose que nous ignorons posséder? Qu'est-ce que l'amour divin?

Comme je l'ai cité un peu plus tôt, l'amour divin vient de ce que Dieu, un être divinement spirituel, est une Source. De cette énergie universelle d'amour, chacun de nous sommes issus. Quelles que soient nos convictions, nos **croyances**, notre religion, il nous faut reconnaître qu'il existe dans l'univers une **force** d'amour tellement grande, qu'elle puisse nous avoir créés, nous permettant ainsi d'**expérimenter** l'amour. Venant de cette **force** divine, nous possédons donc aussi en nous ce divin, cette partie d'amour divin que Dieu a implanté en nous étant issus de lui. « Crées à Son Image ».

Certaines cultures, religions, philosophies, reconnaissent cette vérité et la vivent pleinement, la transmettant de génération en génération. Nous, de par notre culture et nos moeurs, perdons cette vérité que nous enterrons sous des tonnes d'obligations et de formes pensées auxquelles nous donnons notre pouvoir intérieur. Pourtant, cette **force** d'amour divin est toujours présente en chacun de nous et ne nous fera jamais faux bond, elle habite notre coeur et enveloppe notre âme. L'amour divin est cette source intarissable de courage, de **force**, de volonté, de ressources énergétiques positives nous permettant d'arriver à vivre ce pourquoi nous sommes venus ici. C'est la manifestation de Dieu en nous qui nous aide et nous guide. C'est notre foi en lui et en sa représentation divine que nous sommes. Si Dieu est amour, nous sommes amour. Il est notre Source, notre Père.

Je peux comprendre que vous refusiez de croire que vous êtes aussi ce divin car la société nous a appris à juger bien sévèrement soi-même et les autres. Il est plus facile de penser que je n'ai que des défauts, car reconnaître mes **forces** peut vouloir dire être orgueilleux, me vanter, devenir égoïste. Nous avons eu si peur de tout ça et des punitions qui pourraient en découler, que nous avons décidé inconsciemment de s'auto-punir en niant nos côtés positifs et en rejetant la possibilité du divin en soi. Pourtant tout est inscrit en soi. Qu'est-ce qui fait que lorsque nous éprouvons des difficultés, nous ressentons instinctivement le besoin de demander de l'aide au ciel, de prier à notre manière ou comme il nous fut enseigné? C'est que nous savons intuitivement qu'au creux de nous, il y a l'amour divin, mais nous refusons de l'accepter. Comment alors peut se manifester cet amour divin dans notre quotidien si nous rejetons son existence? Certes, il est bien valable de crier « à l'aide » à Dieu, mais pour arriver à concrétiser dans notre vie son action bénéfique, il est essentiel de croire que j'ai en moi aussi cette *force* d'amour divin qui, associée à la volonté du Père, me permettra de vivre mes expériences dans l'amour et dans l'apprentissage de qui « je suis ».

L'amour humain entre des hommes, des femmes, cet amour dont la recherche suscite parfois tant de labeur est trop souvent perçu malheureusement, comme le grand véhicule du bonheur. Certes, j'en conviens, sentir que quelqu'un nous aime et qu'à l'intérieur de soi brûle une flamme pour l'autre, ranime un coeur meurtri et solitaire.

Toutefois si l'amour humain apporte ce réconfort, il demeure parfois bien éphémère et va même dans certaines situations, devenir déclencheur de conflits, de guerre de pouvoir, de tuerie.

L'amour humain frôle souvent l'illusion et nous le vivons pour la plupart, de façon *conditionnelle*. Pour ceux qui auraient déjà effacé de leur mémoire la notion fournie en avant-propos, je suggère d'y revenir. Je me permets cependant d'ajouter qu'en général nous aimons les autres s'ils répondent à nos attentes, à notre vision que nous avons du conjoint, de la conjointe recherché(e). Nous apprenons très vite à manipuler pour obtenir notre profit. Nous le faisons tous à des niveaux et avec des moyens différents. Nous endossons souvent le rôle de la *victime* du manque d'argent, du temps, de la maladie, de la santé pour attirer inconsciemment l'attention de l'autre lorsque la passion des premières effluves relationnelles est en baisse. Et voilà à nouveau le contrôle qui s'installe si subtilement.

Au fait, je crois que j'ai toute ma vie aimé sans savoir vraiment aimer. Je me pensais bien authentique et j'avoue que je l'étais alors, selon les connaissances et *croyances* que je possédais en moi et qui servaient de base à toutes mes relations. Ce n'est que depuis mon contact, il y a quelques années, avec l'éveil de ma spiritualité, la découverte de l'être que je suis, que je peux constater à présent un mouvement différent en moi face à l'amour humain, à l'amour de soi et à l'amour divin.

C'est seulement par l'apprentissage croissant de ces trois vérités que passe l'essentiel de l'existence. C'est par la différenciation de celles-ci et l'expérimentation qu'il est possible de toucher, d'accélérer notre démarche personnelle entreprise par notre âme sur terre.

Je ne me juge pas, j'établis simplement un constat de ma vie à l'égard de l'amour relationnel. Lorsque j'étais enfant, je ne me rappelle pas avoir ressenti l'amour. Du moins, ne l'avais-je pas trouvé de la façon que j'aurais aimé la recevoir, c'est-à-dire par la tendresse exprimée, les caresses, les mots. Je suis d'une époque où le verbe « aimer » était plutôt utilisé pour définir les goûts et les préférences que pour communiquer notre senti. Parler d'amour était tabou et mal vu. C'était aussi beaucoup la période du contrôle, de la soumission, du désir refoulé. Je me souviens adolescente, lorsque j'ai étudié à l'école des infirmières auxiliaires, nous portions un sigle sur l'épaule gauche de notre uniforme. Une abeille laborieuse tenait place au milieu de l'inscription: « S'oublier pour soulager ». Cela définit bien l'idéologie du temps. Alors comment arriver à changer en moi cette *valeur* fondamentale qui soutint des années durant ma profession plus tard d'infirmière et de gestionnaire. Je ne regrette rien et je remercie les expériences passées, qui font que je suis « qui je suis » à présent grâce au chemin suivi, mais je demeure convaincue qu'il n'est pas nécessaire d'*expérimenter* l'abnégation de soi et de laisser notre pouvoir aux autres et aux situations pour « gagner le ciel » et réaliser sa vie. J'aurais aimé plus jeune apprendre et utiliser toutes les notions d'amour, de respect et d'estime de soi. Au contraire, j'ai plutôt appris qu'il fallait souffrir pour être belle, se taire pour être polie et recevoir un peu d'amour, travailler fort et dur pour obtenir respect et « être quelqu'un », tenant compte du « faire » et de « l'avoir ».

J'ai tellement bien enregistré ces données dans ma programmation qu'à la fin de la trentaine, usée, je me suis retrouvée seule, vidée d'énergie et à me demander ce que je faisais ici.

En me posant cette question, je me disais que j'avais pourtant dans ma vie beaucoup donné. J'avais beaucoup travaillé au service de l'aide à autrui. J'avais investi dans des relations de couple et je me sentais bien dépassée à cette époque par l'adolescence bousculante qui entrait, par la porte d'en arrière, visiter ma jeune fille. Je me sentais sans moyen, vulnérable, sensible et Dieu sait que je détestais me sentir ainsi. N'avais-je pas développé une personnalité forte pour cacher mes *faiblesses*, mes émotions, ne pas me laisser atteindre? J'étais devenue une spécialiste du refoulement pour ne pas déplaire et recevoir l'amour. Ayant accumulé toute ma vie tant de frustrations, ayant fait preuve de tant de contrôle sur mes émotions et réactions, je sentais que je perdais le contrôle, que je n'avais plus l'énergie nécessaire pour poursuivre ma lutte: je perdais le contrôle, j'étais *victime*... non pas de ce que je croyais, mais de moi-même.

La réponse était pourtant si simple. Je me sentais heureuse si tout le monde autour de moi l'était. Gros contrat... Ceci exige de l'être humain de laisser ses propres choix souvent, pour acheter l'amour, la considération. C'est donner son pouvoir intérieur. L'opposé n'est certes pas plus aidant. Nous expérimentons aussi à travers cela l'égoïsme déguisé, que nous jugeons pourtant chez les autres. C'est particulier à dire mais quelqu'un qui s'oublie totalement avec des attentes conscientes ou non de recevoir, se tourne parfois vers cette forme de compensation qu'est cet égoîsme et obtient ainsi un peu de bonheur à sa manière. Cela lui procure l'énergie pour continuer. Il utilise alors pour cela ses mécanismes *inconscients* de *domination*. Rappelez-vous: sans énergie donc sans amour, nous périssons.

Le jeu de l'amour humain est souvent emprisonné à travers ce schéma que nous reproduisons sans cesse, que ce soit dans les relations de travail, sociales, familiales et de couple. La vraie nature de l'amour humain est autre. Elle est plutôt un outil au service de notre croissance personnelle. J'apprends à me connaître à travers les gens qui m'entourent. Dans le chapitre suivant, je vous parlerai de cette opportunité de prendre connaissance de soi à travers les autres.

Lorsque je différencie dans mon coeur ces trois définitions de l'amour, lorsque je les laisse vibrer en moi, je suis au point de rencontre avec moi-même. Je suis sans le savoir dans la transformation de mon être, dans la magie de la rencontre à soi.

Choisir d'*expérimenter* le lâcher prise, c'est: choisir de me libérer pour accéder à la transformation de ma vie, à la véritable autonomie, à l'amour libérateur qui unit et engendre le bonheur. Ceci est accessible à tous, il suffit de choisir l'amour au lieu de la peur et désirer se sentir en paix et en harmonie dans le quotidien.

♥ ♥ ♥

À retenir: choisir de lâcher prise s'appuie d'abord sur notre décision de recevoir, de préserver et d'utiliser sa propre énergie vitale pour soi, pour s'aimer. C'est aussi un moyen efficace de laisser cette énergie, venant de *La Source* divine, circuler librement en nous, cette nourriture que nous puisons de l'amour divin. C'est arrêter de la rechercher à l'extérieur et chez l'autre et reconnaître que nous sommes aussi amour et que lorsque nous en sommes remplis, nous pouvons à notre tour laisser rayonner cet amour vers les autres, sans crainte de devenir *victime* de nos propres choix et en sachant que donner cet amour permet de laisser *La Source* divine en déverser encore plus en soi.

Le choix de lâcher prise passe par la reconnaissance de notre sensation d'étouffer, de perdre le contrôle. Il passe parfois par la reconnaissance de l'exercice de notre pouvoir à des fins de satisfaire notre ego au désavantage de l'amour. La place qu'occupe l'amour dans nos vies, versus les conditions dans lesquelles nous l'encadrons, joue un rôle déterminant: « Je t'aime si tu es comme je le désire. »

Choisir de lâcher prise, c'est aussi accepter de briser l'armure derrière laquelle trop souvent, à notre insu, nous nous cachons. C'est accepter de se rencontrer tels que nous sommes, sans détour. C'est rencontrer sa vulnérabilité et ses *faiblesses* et apprendre à les utiliser constructivement, à s'accepter. C'est aussi choisir de changer, de transformer certaines facettes de nous, que nous ignorions posséder ou dont nous connaissions la présence en nous, mais que jusqu'à maintenant n'avions pas songé à vouloir changer. C'est laisser mourir certaines parties de soi avec amour, pour en découvrir d'autres plus bénéfiques et plus enrichissantes. C'est apprendre à maîtriser notre vie en ne résistant plus, en laissant couler l'eau dans la rivière et en sachant qu'en allant dans le sens du courant, nous évitons les efforts inutiles au profit de l'éveil de la **conscience** et de l'action juste. Cela n'est pas le laisser-aller et la désinvolture, au contraire cela suppose de l'individu qu'il assume et réalise ses choix en cessant de blâmer l'extérieur. Cela permet de conserver l'énergie vitale et diminue ainsi le stress, la fatigue et le surmenage.

C'est cesser de souffrir, se libérer de notre souffrance, de nos vieux patterns et apprendre à s'aimer par le respect de nos *limites* et l'*intégration* graduelle de l'amour *inconditionnel* dans notre vie. Il existe trois formes d'amour: divin, de soi et relationnel. Lâcher prise permet de découvrir et *expérimenter* de façon saine celles-ci et accéder ainsi au vrai bonheur qui vient de l'intérieur. L'amour vainc la peur. Seul l'amour guérit.

Choisissez-vous de vivre « votre vie »? Acceptez-vous de lever le voile sur qui vous êtes réellement? Choisissez-vous de mieux vous connaître, d'apprendre le respect véritable de soi et de vous sentir bien dans votre peau, les deux pieds sur terre et le coeur ouvert? Si vous êtes encore hésitant, n'ayez crainte, cela est tout à fait une réaction saine car le doute vient nous aider à trancher, à choisir. Il y a en vous certaines parties qui sentent ce que vous mijotez et elles n'apprécient guère, car elles ont peur de perdre leur place, peur de disparaître.

Ne vous laissez pas détourner de votre route par la peur. Écoutez la voix de votre coeur, celle qui vous parle doucement et indique le chemin de l'amour.

Si vous vous sentez engourdi, fatigué de cette lecture, retournez lire simplement l'avant-propos. Après quelques minutes de repos ou d'exercice physique, allez en dedans de vous et posez-vous la question « suis-je vraiment heureux(se) ou ai-je l'illusion de l'être? » Soyez honnête d'écouter la réponse première qui se présente, c'est votre vérité. Quelques secondes plus tard, votre mental s'amusera à vous donner maints arguments pour vous tromper. Soyez vigilant. Aimez-vous assez pour faire cet exercice.

Chapitre 4

S'OUVRIR À LA

CONNAISSANCE DE SOI

Vous commencez maintenant à saisir davantage la notion du lâcher prise. Ainsi, vous êtes en mesure de décider si oui ou non vous avez le goût de tenter l'*expérience*. Il y a certes, en une même journée, plusieurs occasions de s'abandonner à notre divinité intérieure au lieu de poursuivre le combat dans notre lutte interne, cherchant encore une fois à se prouver que nous avons raison de penser, dire, agir de telle façon, afin de satisfaire notre ego, notre personnalité qui en redemandent sans cesse.

Vous êtes-vous déjà demandé ce qui en vous justement crée ce mouvement? Avez-vous déjà pris le temps de vous questionner sur le « comment », le « pourquoi » de vos réactions devant telle situation et autres? Qu'est-ce qui d'après vous engendre la peur, les émotions, suscite le désir de fuite ou nourrit votre goût du défi?

Plongeons un peu au centre de vous-même. Il existe sur terre des écritures sacrées dont quelques-unes furent conservées et retrouvées. Ces textes souvent écrits en langue *sanskrite* furent secrètement gardés dans des monastères et autres lieux, en Inde, au Tibet par exemple. Ce sont de grands sages des époques précédant Jésus-Christ qui transmirent leurs visions, ce qu'ils ont entendu et leurs connaissances acquises à travers de longues lignées spirituelles de maîtres. Ces maîtres tiraient leurs connaissances d'expériences hautement mystiques à travers lesquelles ils recevaient le « savoir » universel non point dans le cadre spécifique de religion mais plutôt dans la sagesse de la découverte des lois universelles.

Ainsi grâce au travail de traduction de ces ouvrages, au-delà des siècles et des secrets protégés, les auteurs nous enseignent de vérités universelles, de principes d'amour *inconditionnel* et du pouvoir de la puissance divine en soi et autour de soi.

Longtemps gardé en orient, ce n'est que dans les décennies nous précédant que certains maîtres orientaux reçurent le message d'apporter à l'occident peu à peu leurs connaissances, afin de favoriser l'éveil de l'homme à l'amour en cette fin de millénaire. Certes, chaque fin de millénaire est accompagnée de mouvements énergétiques très puissants et l'homme bousculé par les changements alors conséquents, accentue son déséquilibre personnel et demeure, si non informé, dans une instabilité croissante qui un jour ou l'autre le fera chuter. Ce qui explique aussi la recherche ces dernières décennies d'une vérité sacrée, d'une réponse à donner au besoin de croire en quelque chose de grand, en une *force* supérieure. Malheureusement, certains individus s'emparent de ce questionnement et exploitent malhonnêtement des gens fragiles et remplis d'amour. Notre société rejette alors tout ce qui touche à la spiritualité en dehors des cadres limités de certaines religions, voyant dans un non discernement, des « sectes » contrôlantes là même où l'amour est enseigné.

Cela est néfaste, car l'humain a un besoin naturel de croire et lorsqu'une société répudie certaines sources d'enseignement spirituel, celle-ci exerce un pouvoir sur les individus, leur refusant l'accès à être instruits et à décider à titre de personnes responsables. Catégoriser en un seul « bon » ou « mauvais », c'est se couper de sa propre croissance et de l'éveil de sa *conscience* à des vérités anciennes sur lesquelles reposent cependant l'essence même de l'univers, de l'homme.

Ainsi, certains de ces textes sacrés nous apprennent qu'il existe en nous un mouvement, une mer d'énergie que les vieux sages du Cachemire appellent la *matrika shatki*. Comme nous sommes les fruits de la création divine, nous sommes issus de l'énergie universelle et sommes alors aussi vibrations. Au centre de soi, dans notre espace appelé le Soi, il est possible en état de méditation profonde de percevoir, d'entendre parfois ces vibrations qui forment entre elles un son, tel le mouvement constant des vagues de la mer.

Cette mer d'énergie est constamment active en nous. Tant et aussi longtemps que nous existons sur terre, elle poursuit ce mouvement *vibratoire*. On dit que le son « OM » est issu de ces vibrations. Il est le son de la création. Puis ces sons se reliant forment une syllabe, ensuite un mot qui amène une pensée et une image mentale qui a son tour provoque des réactions émotionnelles de plaisir par exemple si la pensée est bonne selon nos *valeurs* et *croyances* ou de douleur toujours selon notre bagage emmagasiné de *croyances*, *valeurs*, etc. Telle est l'activité de notre mental toujours présent, en alerte.

Ainsi je vous ai fait un bref énoncé de ce qui pour moi me semble être le point de départ de la connaissance de soi en regard de l'action de notre mental, énergétiquement parlant. Il est important d'arriver à calmer les activités mentales afin de rencontrer notre soi, notre essence, ce que nous sommes vraiment. Afin d'y arriver, certains choisissent le sommeil lorsqu'ils sont trop stressés mais ne contactent pas alors la paix, d'autres par l'apprentissage et l'exercice de la méditation, par exemple, arrivent à apaiser leur mental pour accéder en eux à cette paix qui permet ensuite de trouver plus facilement la route à suivre, aide à décider de manière plus paisible et facilite le lâcher prise.

Il faut dire aussi que notre mental s'agite lorsqu'il veut quelque chose afin de satisfaire un désir puis s'apaise provisoirement quand ce désir est satisfait. Nous dépensons beaucoup d'énergie dans la recherche de la satisfaction de nos désirs et nous demeurons bien souvent prisonniers de l'illusion d'être satisfait. Sitôt un désir comblé, un autre apparaît et comme nous sommes centrés sur le « faire » et le « avoir » dans notre société, nous passons beaucoup de temps et d'énergie à la recherche de la satisfaction de nos désirs, laissant pour compte la satisfaction de nos besoins réels à titre d'être humain.

Nous confondons aussi souvent désirs et besoins. Accordant la préférence à ce qui réjouit notre personnalité, notre ego, nous vivons la plupart du temps dans l'illusion en comblant nos désirs. Ainsi, nous créons en soi un appel constant de trouver la réponse à nos vrais besoins, ex: physiques, sécurité, relationnels, d'amour, de se réaliser... Prenons le besoin de se sentir en sécurité. Pour ma part, j'ai presque toute ma vie cherché consciemment ou non à y répondre. Cela m'a amené à travailler très fort, à mettre de côté certains autres besoins et encore là, je n'arrivais pas à me sentir réellement en sécurité.

J'ai répondu à mes désirs de posséder un emploi stable, une sécurité financière en éternel recommencement, une maison, des biens matériels et autres et je croyais en ayant cela, répondre à mon besoin de sécurité. Certes, tout cet avoir peut aider à se sentir sécure mais pour combien de temps, car au fond, tous ces acquis n'étaient que des réponses à des désirs que ma personnalité réclamait pour entrer dans la *norme* sociale de l'individu se sentant en sécurité. Illusion... Cela est très éphémère. Il suffit de devoir se détacher de l'un de ces éléments pour comprendre que là n'est pas la réponse au besoin de sécurité. Même en travaillant de dur labeur toute une vie, en possédant les biens les plus riches, nul n'est à l'abri de l'insécurité s'il n'apprend pas à nourrir en lui la réponse à son besoin par la confiance croissante en lui-même, son pouvoir de créer, par sa foi en Dieu et par son pouvoir de manifester dans le terrestre ce dont il a réellement besoin pour atteindre l'objectif de son âme. Le reste n'est qu'illusion, car dans le coeur les *valeurs* matérielles n'existent pas. Cela n'empêche pas d'en disposer avec amour et de développer en soi la vraie sécurité, cela serait l'équilibre à atteindre.

Vivre **inconscient** de cette illusion présente en notre vie crée la peur en nous. Pour reprendre l'exemple du besoin de sécurité, l'illusion de se sentir en sécurité laisse en veilleuse la « peur de perdre », de « se faire avoir », la « peur du manque », là n'en sont que quelques-unes. Et l'individu chaque matin investi de ses peurs, à son insu, lutte inconsciemment toute la journée à travers son travail, ses échanges relationnels, ses réflexions, pour continuer à se cacher ses peurs et son insécurité, occupé à répondre aux désirs conditionnés. Ainsi chaque besoin non reconnu en nous ou faussement identifié ou dont nous ignorons la présence, réclame avant tout pour être satisfait, que l'individu apprenne à s'aimer dans le non jugement, l'acceptation et la reconnaissance de la puissance, la **force** divine qui l'habitent. Cela demande aussi de lâcher prise aux conditionnements pour aller vers l'essentiel de l'être.

Vous citant ici quelques besoins de l'individu: se nourrir, se reposer, se sentir en sécurité, avoir un sentiment d'appartenance, d'amour, d'estime de soi, se réaliser, je vous demande simplement de vous poser la question suivante après chacun: « Comment, jusqu'à présent dans ma vie, ai-je répondu à mon besoin? »

Puis demandez-vous si dans votre façon d'être, par ce que vous avez fait ou par ce que vous avez acquis: « Avez-vous répondu réellement à votre besoin? » ou « Avez-vous plutôt répondu au conditionnement social que vous avez reçu? »

« Comment vous sentez-vous maintenant face à votre besoin? » « Vivez-vous dans l'illusion d'avoir réussi à combler votre besoin? » « Sentez-vous en vous la peur de perdre, de vous faire avoir, de ne pas être aimé, la peur de ne pas être reconnu, d'être jugé? »

La constante recherche de réponses aux besoins et de satisfaction des désirs demandent beaucoup d'énergie, de là l'importance de devenir conscient de vos vrais besoins et de canaliser ainsi l'énergie vitale de façon saine.

Une demande croissante nécessite une somme d'énergie dont l'individu ne dispose pas toujours. Ne sachant comment par lui-même l'obtenir, il la prend autour de lui, mais s'épuise vite car il ne la puise pas à *La Source*. Ainsi, ce cercle vicieux mine la personne peu à peu et génère stress, fatigue, maladie et autres états de déséquilibre.

Nous sommes pour la plupart *inconscients* de nos peurs, sauf lorsqu'elles se manifestent à nous. Il y a pour nous aussi des peurs « acceptables socialement »: peur des araignées, des hauteurs et d'autres plus taboues: peur d'être battu, rejeté, abandonné, ridiculisé. Celles-là ne font en général pas partie des conversations mondaines, sinon dans le jugement porté aux autres.

Ces peurs se cachent derrière des *croyances*, rappelez-vous, que nous avons achetées des personnes significatives de notre petite enfance. Elles proviennent aussi de *blessures* vécues en cette période et dont nous avons occulté le souvenir, l'événement même.

Ces peurs conditionnent souvent notre comportement tout au long de notre vie et bercent aussi notre « illusion de sécurité ». Nous avons avantage à contacter et guérir nos peurs afin de nous libérer des pièges *inconscients* qui supportent nos choix et décisions face à nous et aux autres. Ces peurs bloquent notre accès au lâcher prise et au développement de notre potentiel d'amour et de confiance. La peur est associée aussi à l'ombre en nous et seul l'amour peut guérir celle-ci. Il faut donc que quelqu'un désire apprendre à s'aimer ou s'aime de plus en plus

afin d'accepter de rencontrer ses peurs, les identifier et choisir
de les guérir, transformant ainsi sa vie et la libérant de son
fardeau, de son masque, de son armure. Il devient alors de plus
en plus facile de choisir de lâcher prise et de s'abandonner au
mouvement de notre âme, ayant la confiance et la sécurité
comme outils de croissance personnelle.

Pour ma part, j'ai choisi de rencontrer mes peurs et je peux
vous dire que même si parfois cela me demandait de refaire
mes choix, je vous affirme que je recommencerais la même
démarche dans les circonstances vécues. Toutefois, chaque
peur se rencontre et se dissout graduellement. Je réfère toujours
à l'image d'un oignon pour m'expliquer.

Nous avons tous un sac rempli d'oignons, des petits, des plus
gros. Chaque oignon peut représenter une peur, une **blessure** à
guérir. Chaque fois que nous rencontrons consciemment notre
peur et qu'avec amour nous la guérissons et bien il y a une
pelure de l'oignon qui s'enlève. Puis le temps passe, il y a
intégration de cette guérison en nous et dans notre vie et à
nouveau nous rencontrons cette peur afin de poursuivre sa
guérison et cela jusqu'à ce que nous atteignions le coeur de
l'oignon, notre essence propre, notre lumière. Ainsi chaque
peur est différente pour chaque individu. Chaque peur possède
également une forme unique. Il y a de petites peurs et d'autres
très profondes, très grosses. L'essentiel est de les rencontrer
pour les guérir. Cela est le choix de l'individu. Nous pouvons
passer notre vie à errer ou nous pouvons choisir de rejoindre le
pourquoi de notre essence sur terre et d'y entrer dans l'amour
de soi et des autres.

Accepter de lâcher prise, c'est choisir de se rencontrer, nous,
ce que nous sommes, les facettes cachées de notre être dans la
joie de la découverte de celles-ci ou dans la souffrance afin de
les guérir et de se libérer. Pas nécessaire d'adhérer à un

mouvement religieux, une secte, un culte adorateur. Pas nécessaire de quitter ses biens, sa famille pour se rencontrer. Il suffit d'écouter votre voix intérieure qui vous guidera et mettra sur votre route les personnes, les ressources dont vous avez besoin. Nous n'avez qu'à demeurer réceptif aux messages. N'ayez crainte, cette démarche de croissance personnelle, d'éveil de votre **conscience** ne nécessite pas non plus de devenir ascète ou moine et de vous priver des joies de la vie terrestre. Au contraire, vous deviendrez plus conscient des bienfaits et de l'abondance de cette terre promise en vous et autour de vous.

Il existe maintes possibilités de trouver votre lumière. Votre âme sait. Laissez-vous guider et usez de discernement et de confiance en devenir.

J'ai le goût de vous partager à ce moment un outil très simple de connaissance de soi qui permet autant de rencontrer nos peurs que de découvrir des facettes nouvelles de notre être.

En effet, toutes les raisons conscientes ou non furent bonnes en notre vie pour camoufler ce qui nous fait mal, notre souffrance. Voir en nous ce que nous détestons chez les autres, c'est apprendre à s'aimer, à se reconnaître, à s'accepter dans notre globalité et c'est aussi le meilleur chemin du « grandir » et de l'éveil. Car nous sommes chaque individu unique et possédons dans nos cellules physiques, **vibratoires**, notre âme, notre personnalité, notre mental tout ce dont nous avons besoin pour accomplir notre mission sur terre.

Commencer par mieux se connaître, c'est déjà un pas de plus accessible à tous, en autant que vous vous sentiez prêt à entreprendre ce voyage intérieur.

Cet outil relève de la contemplation, de l'effet miroir. Croyez-moi je l'utilise depuis plusieurs années et il continue de m'apporter beaucoup. Il est simple, ne nécessite pas de traîner avec vous papier et crayon. Seul votre coeur et votre authenticité sont de mise.

Partons du principe que nous sommes tous interreliés dans l'univers et sur cette terre. Qu'il n'y a pas de hasard de croiser telles personnes, de vivre dans telle famille, d'occuper telles fonctions. Vous le savez déjà, ceci fait partie des outils que vous avez choisis lors de votre rencontre avec vos **guides** afin d'élaborer votre plan divin sur terre en votre **incarnation** présente.

Ainsi, les gens autour de vous sont une école, telle la terre aussi. Ils sont tous mis sur votre route pour vous aider à vous découvrir et vous aimer. Vous avez pour eux la même utilité. Toutefois, vous pouvez passer votre vie dans l'ignorance et rater une belle opportunité de vous développer de façon globale et spirituelle. Là étant notre mission commune.

Lisez cet exercice et fermez les yeux pour le pratiquer:

Imaginez-vous l'espace d'un instant seul sur cette terre. Puis doucement en cercle autour de vous se placent en silence les personnes que vous avez connues, connaissez actuellement aussi. Chacune de ces personnes représente un aspect de vous-même que vous connaissez, ignorez, rejetez, aimez.

Regardez maintenant ces personnes une à une. (pour l'exercice, faites ceci les yeux fermés à l'aide du 3ième oeil)

Pour chaque personne, posez-vous les questions suivantes et laissez les réponses venir, sans juger, ni interférer:

- « Qu'est-ce qui me dérange chez cette personne? »
- « Qu'est-ce que j'admire chez cette personne? »

Retenez votre réponse et dites-vous bien que celle-ci est une facette de vous-même, même si vous refusez au début de croire que vous avez en vous celle-ci. Il peut aussi arriver que vous ayez de la difficulté à accepter une qualité en vous que vous admirez chez les autres.

Ne retenez que les mots au début, sans juger. Peut-être vous rendrez-vous compte que plusieurs des personnes vous entourant possèdent en eux la même caractéristique que vous détestez. C'est que celle-ci est fortement ancrée en vous et dans votre *inconscient*. Vous avez donc le sentiment profond que celle-ci ne vous habite pas. Toutefois, le miroir ne trompe jamais. Lorsque vous pratiquez cet exercice un certain temps et que la même facette dérangeante se présente encore, c'est que vous avez à poursuivre votre guérison face à cette partie de vous-même. Elle peut vous apparaître moins irritante à son contact, vous incommoder moins longtemps ou à la limite vous faire rire, vous permettant ainsi de rire de vous-même. Cela est un signe très sain de la voie de la guérison. L'intensité du jugement de cette facette observée chez l'autre devient une référence du pourcentage de votre guérison.

Souvenez-vous de vous contempler à travers l'autre. Il est votre miroir et est placé sur votre route pour vous aider à vous connaître, à vous accepter et à changer ce que vous désirez transformer en vous et dans votre vie.

Seule votre perception des gens, des événements peut changer en vous transformant. Retenez que vous ne pouvez changer les autres. Chacun a sa propre perception et pour un même événement, chacun aura vécu et racontera l'événement selon celle-ci.

Aussi, plus vous accepterez que vous avez en vous cette facette qui vous dérange chez les autres, moins vous serez confronté à celle-ci à travers les autres. C'est-à-dire que de moins en moins vous serez incommodé par cet aspect chez les autres, car l'acceptant de plus en plus en vous, vous aurez de moins en moins besoin d'y être confronté pour le reconnaître. Vous découvrirez peut-être que derrière certains de vos comportements, attitudes se cachent votre réalité, celle que vous avez fui enfant en développant des facettes contraires de vous-même qui vous rappellent la souffrance passée *inconsciente*. Cela vous aidera à identifier vos ***blessures*** enfouies.

Le même constat est aussi valable pour une facette de vous-même que vous admirez chez l'autre. Ainsi, votre jugement des autres sera moins présent face à ces aspects dérangeants et vous admirerez et reconnaîtrez de façon grandissante ce que vous savez maintenant être présent en vous.

Je vous cite un exemple, le mien:

Lorsque pour la première fois j'ai entendu parler de l'effet miroir, j'ai voulu le mettre en pratique très vite. Il est aisé de l'utiliser d'abord avec les gens qui nous entourent, famille, amis, travail. J'ai donc choisi ma famille.

Depuis un certain temps, je remarquais que mon conjoint de l'époque était plutôt rigide dans ses propos face à des comportements de ma fille. Pourtant, auparavant jamais cela ne s'était produit. En me posant la question face à celui-ci: « Qu'est-ce qui me dérange en lui? ». Le mot « rigidité » est venu. Je l'ai accepté mais j'étais convaincue que cet aspect ne m'appartenait pas. Toutefois, désirant poursuivre l'exercice, je me suis dit que: « Je suis rigide ». Je vous assure que cela a passé raide dans ma gorge. J'ai continué à contempler et j'ai

85

trouvé que cet aspect était présent et dérangeant pour moi chez plusieurs personnes de mon passé et du présent. Ceci vint renforcer ma prise de **conscience** à savoir que j'étais une personne rigide. Peu à peu, sans trop me juger, j'ai accepté la présence de cet aspect de ma personnalité et j'ai ainsi découvert plusieurs raisons, **blessures**, **croyances**, peurs qui supportaient cette facette de moi jusqu'alors ignorée de moi-même. Ceci enclencha une grande guérison par la suite face au contrôle, la peur de l'abandon, le besoin d'être aimée, le perfectionnisme, etc. Lorsque le « miroir » nous reflète « nous », c'est que nous sommes prêts dans notre évolution à rencontrer des parties de notre être que nous ne connaissons pas. Après ces années, je remercie encore d'avoir cru en l'effet miroir que j'utilise toujours et je remercie mon conjoint du temps.

La même chose s'est produite lorsque j'ai rencontré ma douceur. J'admirais beaucoup la douceur chez les gens que je connaissais et je ne voyais pas la douceur en moi. Je me suis posé la question un jour face à une amie: « Qu'est-ce que j'admire le plus en elle? »

Le mot qui vint fut « douceur ». Ce jour-là, j'ai compris et j'ai commencé à apprivoiser ma douceur... ce qui ne m'avait jamais été reconnu enfant et pourtant que les autres souvent voyaient en moi. Je croyais être une femme rationnelle et « tête dure » comme on m'avait répété enfant. Depuis, j'ai rencontré ma douceur et je l'utilise maintenant aussi pour moi.

Voilà cet outil est très simple. Il permet une évolution rapide de la connaissance de soi, car nous avons beaucoup de « miroirs » autour de nous. Toutefois, je vous mets en garde de vouloir évoluer trop vite et de faire une indigestion. En croissance personnelle, il est toujours de mise de travailler peu de sujets à la fois. Cela demande d'y croire, de s'abandonner à l'amour de soi en récompense de notre recherche intérieure.

« Êtes-vous prêt, prête à recevoir l'amour ou êtes-vous de ceux et celles qui préfèrent s'en abstenir de peur de se faire avoir, de se sentir en dette? » L'amour de soi est ***inconditionnel*** et gratuit, alors permettez-vous d'y puiser votre force de vie.

Il existe aussi bien d'autres moyens de vous connaître de plus en plus. Demandez à vos amis proches, vos enfants de vous dire honnêtement ce qu'ils pensent de vous devant tels situation ou comportement. Il y a de fortes chances que vous restiez surpris. Ne rejetez pas d'emblée ce qui vous sera dit et ne faites pas cet exercice sur la défensive, mais plutôt avec le coeur ouvert et prêt à entendre dans l'***inconditionnel***. Accueillez sans juger, car lorsque vous jugez les autres, vous vous jugez. Lorsque vous critiquez les autres, vous vous critiquez. Nous sommes tous unis dans cet univers, donc par le principe de cause à effet, ce que vous faites d'amour ou d'ombre revient toujours et pas nécessairement de la façon dont on pourrait s'y attendre.

Donc, peu importe la façon de les rencontrer, il reste une vérité, plus vous guérirez vos peurs, moins vous aurez le besoin conscient ou non de contrôler et plus il vous sera facile de lâcher prise.

Vous pouvez aussi rencontrer vos peurs à partir de vos ***croyances*** souvent cachées. L'aide d'une personne ressource peut vous être utile pour vous aider à identifier celles-ci à partir de situations répétitives dans votre vie (patterns), de difficultés relationnelles, de malaises ou maladies de votre corps physique, de comportements dérangeants, etc. Quoique vous puissiez vous-même avoir accès à certaines informations à travers lectures, conférences, il demeure que pour franchir la

87

barrière de l'*inconscient*, l'aide qualifiée d'une personne professionnelle est suggérée. Les bénéfices que vous récolterez seront grands puisqu'en vous rencontrant et vous acceptant dans votre réalité, vous grandirez. Cela ne veut pas dire qu'en vous acceptant, vous acceptiez aussi de rester au même point. Non point, vous changerez en vous ce que vous désirerez transformer car sur ce chemin de la connaissance de soi, vous deviendrez de plus en plus maître de votre vie.

Et n'ayez crainte, devenir maître de sa vie n'engage pas à tout abandonner, à se retrouver seul et à vivre en dehors de la société pour guérir son âme... Au contraire, nous avons besoin des autres et eux de nous. Dans notre système social, nous avons tous un rôle à jouer, l'essentiel est de trouver quel est le nôtre afin que le moment venu de retourner auprès de *La Source*, nous ayons en soi ce sentiment d'avoir accompli ce pourquoi nous étions venus.

Plus vous serez conscient de vos peurs, de vos blocages, plus vous comprendrez vos réactions et émotions vécues.

Les émotions sont le mouvement de la vie. Sans elles, il y aurait inertie. Toutefois, celles-ci ne doivent pas devenir le noyau autour duquel gravite nos actions et réactions. La recherche de l'équilibre émotionnel demande à certains toute une vie, pour d'autres les émotions envahissent leur être allant parfois jusqu'à les basculer dans des états de déséquilibre majeur, les conduisant à la maladie. Enfin, un nombre croissant de gens conscients que les émotions contrôlent leur vie, décident de retrouver la maîtrise de celles-ci et débutent une démarche thérapeutique.

Il y a une différence entre émotivité et sensibilité. La sensibilité est cette faculté de l'être de percevoir des stimuli extérieurs à lui-même. Exemple: ressentir une présence, développer des capacités parapsychologiques. C'est comme un radar qui détecte des ondes, peut les décoder et en envoyer parfois selon les capacités et *limites* du sujet. Nous avons tous ce potentiel et notre système nerveux central joue alors un rôle important. La sensibilité de chaque être varie et peut se développer.

L'émotivité est liée à nos *valeurs*, nos *croyances*, nos peurs. Ce sont des associations de formes pensées en nous qui déclenchent les émotions, ces pensées étant influencées par nos expériences passées. Voici quelques-unes des émotions que nous rencontrons: colère, haine, peur, jalousie, joie, tristesse, insécurité.

Souvenez-vous de la *matrika shatki*, cette mer *vibratoire* intérieure. Ainsi lorsque vous rencontrez en vous une pensée ou entendez une parole, cela suscite en vous des réactions émotionnelles. Celles-ci sont directement reliées à ce que vous croyez, à vos *valeurs* et engendrent en vous des émotions agréables ou désagréables selon ce que vous associez à des formes pensées positives ou négatives. Une émotion est donc issue d'une énergie que génère votre mental par ses mémoires. Notre pensée crée... Les émotions positives telles la joie, la satisfaction créent en nous un mouvement interne positif et énergisent notre être, nourrissent notre créativité.

Les émotions négatives telles la peur, le dégoût, l'insécurité bloquent la libre circulation de l'énergie et provoquent en nous des résistances. Ces résistances sont la manifestation en nous de *blessures* anciennes, de mémoires karmiques, qui empêchent la libre fluidité de l'énergie dans nos corps, notre canal d'énergie.

Chaque fois que je suis en résistance, c'est qu'il y a une pensée, une image mentale, une parole qui a réveillé en moi un besoin de me protéger. C'est l'*inconscient* qui bloque ainsi l'accès au lâcher prise. Souvenez-vous que le rôle de votre **inconscient** est de vous protéger de contacter des mémoires de traumatismes, **blessures**, souffrance. Ainsi, lorsqu'une personne veut lâcher prise, il y a souvent une vieille expérience de vie qui remonte dans les mémoires et à cette expérience est accolée diverses **croyances** derrière lesquelles se cachent des peurs.

<u>Exemple:</u> votre patron vous annonce que vous devez prendre l'avion pour un voyage d'affaires: résistance.

Vous détestez prendre l'avion sans savoir vraiment pourquoi. Vous essayez de négocier, rien à faire. Vous vivez des émotions car vous avez peur et je vous demande maintenant de lâcher prise en disant que rien n'arrive pour rien et que vous grandirez de cette expérience.

Vous refusez, puis vous vous ravisez mais rien à faire. Impossible de contrôler la peur, sauf: si vous reconnaissez qu'il y a la peur en vous et chercher à l'identifier. Peur de mourir, de manquer d'air, de paniquer, d'être jugé, etc. Déjà là, vous commencez à lâcher prise, car l'identifier permet d'en diminuer l'emprise.

Comme vous êtes fatigué de vivre cette peur à chaque fois que vous devez prendre l'avion, vous décidez de consulter pour régler votre problème. Avec l'aide de la thérapie, vous découvrez que lorsque vous aviez cinq ans, votre tante est décédée dans un accident d'avion et cela a marqué de beaucoup d'émotions les discussions familiales auxquelles vous assistiez en tant qu'enfant. Votre mental a enregistré une **croyance**: les gens qui voyagent en avion peuvent mourir, nous quittant pour toujours. Vous faites ainsi l'association: avion - séparation - mort - tristesse - souffrance - pleurs - peur de mourir. Le souvenir de cette expérience, des émotions alors vécues est demeuré en vous et votre *inconscient* pour vous empêcher de revivre cette souffrance vous coupe l'accès à ce souvenir. Donc, vous ne comprenez pas qu'est-ce qui fait que vous vous sentiez si mal en pensant partir en avion. Lorsqu'en thérapie vous recontactez la ou les *croyances*, vous trouvez aussi vos peurs et pouvez alors choisir de les guérir. Vous aurez donc accès au lâcher prise plus facilement et vous pourrez alors mieux vivre vos expériences de voyage par avion.

N'ayez crainte, ce travail sur soi n'est pas si pénible et se fait dans le respect de vos *limites* et de vos choix. Chacune de nos réactions découle donc de notre vécu passé; dans cette vie et parfois dans des vies antérieures. Cela ne nécessite pas toujours cependant d'aller contacter par la régression, par exemple, ces mémoires de souffrance passée, quoique j'avoue avoir un faible pour cette thérapie qui pratiquée adéquatement, permet de se libérer assez rapidement de nos blocages et malaises présents. Certes cela requiert de se donner le temps d'intégrer notre guérison entre chaque rencontre, mais les résultats sont quand même remarquables. Si vous avez la chance en plus que votre thérapeute vous guide dans un suivi parallèle, alors bravo!

Si nous ne pouvons « contrôler » nos réactions, nos peurs, nous pouvons cependant apprendre à les « maîtriser » et nous donner ainsi plus d'autonomie et de pouvoir sur notre vie.

J'ai été dans ma vie longtemps « *victime* » de mes émotions et cherchant à les contrôler dans mon *inconscient*, je me suis brimée de beaucoup de joie et d'expériences d'abandon enrichissantes. La peur d'être abandonnée déclenche le besoin de contrôler et soyez vigilant car le contrôle est subtil et vous pouvez trouver bien des justifications à sa présence dans votre vie. Vous me répondrez que vous ne contrôlez pas, que vous décidez pour le bien de l'autre. Relisez le chapitre qui traite du contrôle et devenez conscient que lorsque vous décidez sans respecter le choix des autres (parce que vous êtes convaincu « d'avoir raison »), lorsque vous dirigez (croyant que vous détenez la vérité et au nom de l'amour que vous portez à vos proches), lorsque vous avez des attentes, cet amour est emprisonnant, possessif et contrôlant.

Lorsqu'au contraire vous respectez le choix des autres même si vous n'êtes pas vraiment d'accord et ne comprenez pas, lorsque vous respectez vos *limites* et celles des autres, que vous vous donnez le droit d'être, de faire ou d'avoir et que vous donnez ce même droit aux autres; lorsque vous leur montrez les conséquences possibles de leurs actions et qu'ensuite vous les laissez décider, choisir, cela est aimer vraiment, sans condition et cela s'appelle aussi du lâcher prise.

Lorsque vous demeurez prisonnier de vos émotions, les refoulez, celles-ci s'accumulent en vous provoquant des blocages plus importants à la libre circulation de l'énergie vitale et diminuent ainsi votre mieux-être général. Votre santé à long terme peut en être atteinte et votre vie devenir lourde et sans aucun sens, vide. Au contraire de vous épanouir, vous deviendrez *victime*, dépendant et aigri ou vous continuerez à vivre sous votre masque, vous niant votre vérité et passant à côté de l'essentiel.

Vous libérer, apprendre à lâcher prise, c'est l'occasion d'apprendre aussi à exprimer vos émotions. J'ai eu à rencontrer mes émotions pour la première fois de ma vie lors de mon burn-out. Me sentant alors épuisée et devant le vide, j'avais décidé de consulter une psychothérapeute. Bien sûr, j'avais bien des préjugés même si j'étais infirmière, encore plus peut-être car pour moi, une infirmière ne pouvait se permettre la maladie, encore moins d'être fragile et vulnérable. Écoutant ma voix intérieure, je me suis donné le droit d'aller chercher de l'aide à ce moment de ma vie et je dois dire que cela fut le début d'une merveilleuse aventure, un voyage intérieur enrichissant qui encore se poursuit.

Toujours est-il qu'à travers cette expérience, j'appris à exprimer mes émotions. Certes, dans les premières rencontres, j'avais bien peur de m'ouvrir, j'avais l'impression que je n'arrivais pas non plus à aller en dedans, car je vivais beaucoup dans les circonstances de ma vie à ce moment, la « victimologie »... Donc, j'étais plus à l'extérieur de moi. Mais cette personne étant un fort bon guide, j'ai vite dépassé ma peur d'être jugée et je me suis permise de plus en plus de m'aimer en apprenant à me découvrir, en apprenant à moins me juger, me critiquer. J'ai découvert comment j'avais laissé les émotions envahir et diriger ma vie et j'ai décidé de changer cela, car j'étouffais dans la noirceur de ma cage « dorée ».

Exprimer mes émotions fut pour moi un apprentissage en douceur et une puissante libération. Certes, au début, j'étais un peu maladroite mais j'ai vite appris à me faire confiance, voyant les résultats sur moi et autour de moi. Je vous invite à vivre l'expérience.

La première étape consiste à reconnaître que vous êtes à vivre une émotion.

Exemple: votre fille de 13 ans vous avise sur un ton neutre, d'une sortie avec des copains (lesquels vous ne connaissez pas ou peu) et désire coucher chez ses amis car la soirée se prolongera tard la nuit.

« Que se passe-t-il alors en vous? » « Êtes vous calme et posé? » « Y a-t-il soudainement en vous quelque chose qui bouge, que vous ressentez au plexus? » « Votre coeur bat-il plus fort? » « Sentez-vous l'adrénaline monter? » « Devenez-vous étourdi, engourdi? »

Il y a de fortes chances que vous viviez alors des émotions.

La deuxième étape est d'identifier vos émotions: colère, irritabilité, peur de vous tromper, angoisse, inquiétude, impuissance, peur d'être rejeté. Posez-vous la question: « Comment Je Me Sens ? » (C.J.M.S.)

La troisième étape est d'exprimer vos émotions. Je vous suggère pour ce faire de conserver une attitude ouverte (pas les bras croisés), d'utiliser un ton de voix posé et de vous détendre en inspirant et expirant profondément et lentement. Demandez à la jeune fille quelques minutes de réflexion, de façon polie et recentrez-vous. Puis, utilisez en début de phrase: « J'ai le goût de te dire que... » Vous pouvez être ou non en accord avec son choix, cependant il est important de lui partager ce que vous sentez en vous. Dites lui toujours que même si vous n'êtes pas d'accord ou même si vous ne comprenez pas son choix, sa demande, vous l'aimez. Indiquez-lui doucement, calmement quelles sont les conséquences possibles de ses choix. Vous êtes le guide, non pas la tête dirigeante, contrôlante... pour son bien. Puis lâchez prise. Elle apprendra ainsi à devenir responsable de ses choix et vivra son expérience en assumant les conséquences de ceux-ci. Vous aurez fait votre enseignement de parent et aiderez ainsi l'enfant à grandir dans le respect et l'amour véritable, *inconditionnel* et vous n'aurez pas à vous sentir coupable car vous aurez agi dans l'amour *inconditionnel*.

Lorsque j'ai choisi de pratiquer cet exercice la première fois, je le fis auprès de ma fille et ce fut une belle expérience. Celle-ci resta surprise de mon attitude nouvelle, elle prit la décision de sortir quand même après que je lui ai exprimé mes résistances et comment je me sentais et aussi après que je lui ai fait voir les conséquences possibles de ses choix. Je lâchai prise.

94

Quelle ne fut pas ma surprise de la voir arriver à minuit et vingt... Notre relation le lendemain était plus sereine. Depuis, j'ai cherché à renouveler cette expérience comme outil d'apprentissage du lâcher prise. À chaque fois, j'en tire une satisfaction nouvelle.

Je vous suggère de pratiquer d'abord auprès de vos proches et d'étendre cela graduellement aux amis, travail, autres. Remerciez-vous de vous donner le droit d'exprimer vos émotions. Votre énergie circulera davantage car vous ne nourrirez plus les blocages déjà installés. Vous vous sentirez moins fatigué et plus heureux. Car contrôler exige beaucoup d'énergie... Alors, lâchez prise.

Je ne pourrais pas parler du lâcher prise sans vous glisser un mot au sujet du pardon.

Le pardon pour moi est un outil d'amour de forte puissance *vibratoire* et terrestre, il crée une libération pour la personne à qui l'on pardonne et pour soi aussi. Il est cependant plus facile de pardonner aux autres qu'à soi-même.

Un moyen d'arriver à pardonner à l'autre c'est de prendre le temps d'imaginer que vous êtes à sa place. De quelles connaissances et capacités disposait cette personne alors? Quelles étaient ses *limites*? Avait-elle des peurs? Quelles étaient ses *blessures* et ses expériences passées. Prenez le temps de regarder ces questions dans l'*inconditionnel*, non dans le jugement et la critique. Observez la souffrance de l'être qui se protège, reproduit ce qu'il a lui-même expérimenté peut-être.

Garder de la rancoeur, de la haine crée un lien énergétique très fort au plan terrestre. Il est important de libérer ce lien car à la fin de votre vie, ce lien pourrait empêcher votre âme de monter vers la lumière. Après la mort de la personne à qui vous en voulez, vous pouvez certes empêcher, par ce lien, celle-ci de quitter le plan terrestre, errant alors dans l'astral. La haine conduit à la maladie, particulièrement à diverses formes de tumeurs, cellules cancéreuses. Bien des gens atteints ont vu leur état de santé s'améliorer. Même pour certains la guérison dans le corps physique s'est produite, après avoir rencontré leurs blocages de haine et d'amertume et avoir fait le processus du pardon. Je ne dis pas ici de nier l'expérience aidante de la médecine traditionnelle. J'apporte simplement une autre vision par l'étude de la relation corps-émotions. Cette démarche spirituelle si elle ne guérit pas nécessairement le corps physique de la personne, potentialise son pouvoir de guérison en complémentarité avec la médecine traditionnelle. Et chose certaine, elle permet d'alléger le manteau de la souffrance de l'être et de mieux saisir et accepter la présence de la maladie dans sa vie. L'approche spirituelle permet aussi d'accepter la mort avec sérénité et d'accueillir le détachement au terrestre dans l'amour et la paix.

Pardonner à soi est encore plus difficile, car nous pensons avoir toutes les raisons justifiables d'en vouloir à l'autre. Nous avons été blessés. Cela requiert de l'humilité pour choisir de pardonner, mais demande encore plus d'amour pour arriver à se pardonner soi-même.

Se pardonner de quoi, me direz-vous? J'ai été la *victime*. C'est moi qui a dû vivre avec les conséquences des actions injustes de l'autre. Mon corps porte des marques. À cause de cette personne, je ne suis rien, etc.

Il s'agit de se pardonner d'avoir jugé, critiqué, dit des paroles négatives ou des injures à l'égard de cette personne. Se rappeler aussi que dans notre plan d'*incarnation*, nous avons choisi de vivre ces expériences pour aider notre âme à évoluer et nous avons aussi choisi les âmes avec lesquelles nos expérimenterions celles-ci. Nous avons accepté ainsi mutuellement de nous aider à remplir nos missions d'âme. De cette façon les âmes expérimentent en cette vie, des événements à travers lesquels elles revivent les mêmes **blessures** de vies passées, même présente, afin d'arriver à s'en libérer. Si la haine, la rancune les lient au terrestre, elles peuvent demeurer ainsi prisonnières dans leur **karma**. Le pardon libère. Le pardon génère une énergie d'amour très grande, car pour pardonner et se pardonner, cela demande de l'amour **inconditionnel**.

Il me revient l'histoire vécue des parents qui ont pardonné à l'assassin de leur jeune fille et sont même allés l'aider à la prison. Cela demande beaucoup d'amour. Je vous laisse méditer là-dessus...

J'en conviens que le processus du pardon: pardonner, se pardonner, aller même le partager à l'oppresseur demande de l'amour, mais la libération et la richesse intérieure de cette expérience valent largement de la vivre. Ainsi vous libérerez des émotions enfouies en vous, enracinées, parfois, laissant plus de place au lâcher prise, assouvi de vos peurs jadis reliées aux souvenirs et **blessures** conscientes ou non de votre passé.

Un pas de plus maintenant pour vous sur la route vers le lâcher prise, à travers la « connaissance de soi ».

Vous savez qu'il existe dans l'univers des vérités universelles et des principes d'amour qui régissent toutes formes de vie. L'homme est en recherche de connaissances et de vérités, il a besoin de croire. La spiritualité fait partie de chaque être et la nier, c'est se couper de sa propre vérité et de sa foi.

Nous avons pour point de départ de notre essence divine en cette *incarnation*, notre âme et gravite autour d'elle la masse *vibratoire* et énergétique qui constitue notre bagage réel d'existence présente. Les sons qui nous habitent, que l'on perçoit ou émet originent de l'énergie universelle et forment la pensée qui crée, tenant compte des *croyances*, *valeurs* auxquelles nous sommes liés. Cela donne emprise à notre mental qui à son tour détermine nos besoins et désirs souvent illusionnels et contrôle ainsi notre vie.

Nous avons tous un ego, une personnalité derrière lesquels nos peurs solidement agissent de façon subtile. Nous gardons tous enfouis en notre *inconscient* des souvenirs d'expériences douloureuses auprès desquels nous faisons référence lorsque vient le moment de choisir et malheureusement souvent nous basons nos choix de vie sur ce passé, de peur de souffrir. Nous consommons une grande quantité d'énergie à vouloir ainsi « contrôler » pour empêcher notre être de revivre l'expérience ancienne et à trop contrôler, nous risquons de perdre le contrôle.

Acceptez de rencontrer les faces cachées de notre être, les *blessures*, c'est être responsable de soi. En développant la connaissance de soi, nous ouvrons maintes portes à reconnaître que nous sommes divins et que nous accueillons la lumière en nous.

Il existe plusieurs façons d'accéder à la connaissance de soi, telles la méditation, la contemplation (effet miroir), la reconnaissance des réactions et émotions, l'expression des émotions, les personnes ressources, les lectures, les conférences et autres. La connaissance de soi mène à l'apprentissage de la maîtrise de sa vie et sert notre équilibre personnel.

À travers la connaissance de soi, le pardon occupe une place importante, puisqu'il nous est tous arrivé d'offenser ou d'être offensés. Ainsi, pardonner et se pardonner libère du manteau de la souffrance et des liens. En utilisant l'amour en nous pour accomplir cet acte **_inconditionnel_**, nous reconnaissons la divinité présente en nous et nous nourrissons ainsi notre liberté interne de choisir et créer la paix, l'harmonie en nous et autour de nous. Cette action de lumière demande le lâcher prise et invite à la croissance personnelle.

Chapitre 5

LÂCHER PRISE

À la lumière de ce que vous avez reçu dans mon écrit, vous sentez-vous prêt, prête à vivre l'expérience du lâcher prise? Êtes-vous mieux éclairé(e) sur le sujet? Si vous semblez confus(e) et bien c'est probablement que votre mental pressent l'expérience et ne s'en plaît pas du tout. Je vous suggère de relire à la pige quelques passages de mon livre en suivant votre guidance. Il est fort probable que vous rencontrerez des propos étroitement associés à vous. Méditez sur ceux-ci et choisissez.

Il est certain que l'apprentissage du lâcher prise ne s'acquiert pas du jour au lendemain, sans effort ni conviction. Il faut parfois des années pour arriver à la **conscience** du lâcher prise devant un choix, une action. Mais l'important, c'est de croire que le lâcher prise existe, qu'il n'est pas nécessaire d'être ascète ou de vivre dans un ashram et que monsieur ou madame « tout le monde » peut choisir de l'**expérimenter**, même l'enseigner aux enfants.

C'est aussi essentiel de se rappeler que des petites victoires découlent les plus grandes. Penser à se remercier et s'encourager à répéter l'expérience, car le lâcher prise amène à l'interne de soi une paix, un détachement, une sérénité peu palpable dans d'autres moments de notre vie terrestre. Y goûter, c'est choisir de reproduire l'expérience du lâcher prise. Surtout ne vous découragez pas et donnez-vous le temps et le droit de ne pas y arriver rapidement au début. Souvenez-vous que pour lâcher prise, vous devez transformer vos **croyances**, reconnaître l'amour et la foi en vous, en **La Source** et en l'action terrestre, actuelle ou future dans la perfection du moment présent. Ce travail est ardu car il touche à la découverte et à l'amour de soi inconditionnellement afin d'y arriver.

Je peux vous fournir une « image » pour mesurer votre capacité de lâcher prise et où vous en êtes dans votre expérience face à un choix, une situation...

Imaginez que vous êtes dans un petit avion à quelques milles pieds au-dessus de la terre. Cet appareil est utilisé pour l'apprentissage du parachutisme. Vous êtes auprès de l'instructeur, vous êtes seul avec cette personne près de la porte ouverte par laquelle l'instructeur vous invite à sauter. Vous ne portez pas de parachute sur vous. Ce dernier vous assure qu'après avoir sauté, apparaîtra un parachute ouvert sur vous et que la descente et l'arrivée au sol seront paisibles. Vous doutez, vous avez peur. De quoi? Qu'est-ce qui fait que vous doutez de son affirmation? Vous êtes maintenant debout dans la porte, vous ressentez sur votre visage le vent vous frôler. Vous tenez fermement vos mains refermées sur les rebords latéraux de la porte.

Fig. 5

Analysez maintenant ce qui se passe en vous. Utilisez comme clés à votre questionnement: « Qu'est-ce qui fait... que j'ai peur de sauter, de lâcher prise, de vivre la descente, d'arriver dans l'inconnu? Comment je me sens? etc. »

Respectez votre rythme d'expérimentation. C'est devant un choix difficile que pour la première fois je me suis servi de cette image. Je suis demeurée deux mois environ dans cette position (debout dans la porte) n'arrivant pas à sauter, malgré le grand désir qui me poussait à le faire. Ce temps m'a permis de voir ce qui bloquait en moi le mouvement. Puis un beau jour, sans savoir pourquoi, je me suis sentie libérée de mes chaînes internes et j'étais prête au grand saut. Je me rappelle que je ressentais alors une grande liberté, l'assurance que tout irait de façon « parfaite ». Je saluai l'instructeur et sautai. Pour moi, l'instructeur était un peu un guide messager et le désir de sauter, une réponse au mouvement de mon âme. Sitôt sautée dans le vide azuré, lâchant prise, j'ai ressenti une grande joie, une fierté, j'étais entièrement heureuse. Puis tel que prévu, un parachute apparut et m'aida à retrouver mes racines terrestres. J'étais émerveillée et de plus, j'étais demeurée dans l'ignorance de cette capacité en moi pendant si longtemps, j'avais maintenant hâte de revivre l'expérience. Le résultat était concluant. « Sans effort » et de manière plus enrichissante que ce que j'avais connu auparavant en déployant de grandes sommes d'énergie; j'avais ainsi réussi à dépasser mes **limites** de façon constructive et à atteindre mon objectif au-delà de mes espérances.

Croyez-moi je me souviens bien de cette expérience puisque depuis, plusieurs fois je l'ai répétée. Toutefois, à maintes reprises également, je suis demeurée longtemps debout, les doigts crampés à me tenir, avant de sauter en chute libre. Je puis cependant dire que cela fait maintenant plusieurs années que j'utilise cette image. De plus en plus, j'acquiers une facilité à lâcher prise plus rapidement. Il arrive encore cependant que je demeure de longues journées à résister. La résultante m'amène à présent, à reconnaître plus aisément que je suis en résistance, que j'ai peur, de quoi j'ai peur, quelles sont les **croyances** qui bloquent mon choix de liberté. Car cet exercice guide vers la vraie liberté. Chaque être en son for intérieur la possède et, par l'utilisation de son pouvoir personnel de choisir, parvient à accomplir sa mission d'amour pour lui-même sur terre, allant ainsi de plus en plus vers la maîtrise de sa vie, dans la reconnaissance de la divinité qui l'habite. Lorsque je reconnais ce qui se passe en moi, lorsque j'ai acquis une connaissance plus large de moi dans ma **conscience**, il est plus facile de choisir l'amour au lieu de la peur qui nous garde prisonnier trop souvent de nos illusions. Ainsi, je vous encourage à utiliser cette visualisation pour vous-même et même ultérieurement pour aider les autres. Vous verrez, ce n'est pas parce que l'on parle spiritualité, croissance personnelle que cela diffère des autres apprentissages terrestres. La pratique, l'acceptation de ne pas y arriver aussi vite et adroitement, ne pas comparer votre expérience à celle des autres et s'aimer à travers elle, c'est là une belle richesse pour votre être entier.

Bien des gens portent faussement la **croyance** en eux que pour développer notre spiritualité, il faut s'abstenir des joies de la terre, méditer régulièrement, prier au niveau de l'âme, rechercher la perfection dans tous les aspects de l'être. Ces gens associent alors ces règles à un vécu un peu irréel et inaccessible à tous. Ils jugent que pour élever l'être et l'âme, il faut vivre son quotidien dans le détachement perpétuel, la souffrance. Cette philosophie leur paraît aride et platonique et ils fuient l'ouverture à leur propre **conscience**. D'autres croient que pour élever l'âme, évoluer, il faut vivre la tête dans les nuages, à chercher ailleurs des réponses qui sont à l'interne de nous. Je vous dirai pour ma part qu'il est essentiel afin d'éveiller et nourrir notre **conscience** et développer notre spiritualité, de vivre avant tout notre enracinement. L'un des moyens pour y parvenir, au plan terrestre, à travers notre quotidien, est d'identifier nos besoins réels, choisir ou non de les combler tout en se respectant et en respectant autrui.

Ainsi l'expérience du lâcher prise est un grand pas de l'être dans l'apprentissage de l'amour de soi. Il amène la personne à se responsabiliser face à ses décisions, son vécu et à assumer pleinement les conséquences en son existence.

Vivre notre spiritualité n'empêche nullement de posséder et partager l'abondance monétaire. «a n'enlève pas non plus les acquis matériels, honorifiques ni la notoriété, la gloire ou les bénéfices d'un travail exécuté. Au contraire, tous ces avantages se multiplient lorsque celui qui les possède croit fermement que rien n'appartient à personne, que seul l'univers est le maître de ces acquis prêtés afin de vivre l'expérience terrestre et d'apprendre les lois divines et universelles de l'abondance, de l'équilibre, de la foi, de l'action... Cette personne reconnaît alors le langage de sa spiritualité à travers sa vie et dans le lâcher prise accueille inconditionnellement les défaites et les gains. Inutile de vous dire que comme tout le monde, les plus nantis du globe ont eux aussi leur part de souffrances, celles-ci prenant diverses manifestations permettant à l'âme, à l'être, le choix de sa croissance en l'**incarnation**. Certes, il existe toutefois des êtres dont le **karma** chargé nécessite un retour à des **valeurs** de base. Ces personnes choisissent parfois le pouvoir illusionnel dans leur passage transitoire en cette terre et refusent d'assumer leur être globalement en se fermant à leur spiritualité. Pourtant si l'on enseigne dans nos cultures qu'il existe en l'homme un corps et un esprit, il serait grand temps d'ajouter la composante essentielle de la spiritualité: « L'âme », et de reconnaître ici son rôle sacré.

Lorsque j'étais enfant, j'ai reçu l'éducation de la religion catholique romaine. Toutefois, au fil de ma vie, je découvris que j'ignorais que ma spiritualité était en moi vivante et qu'étant enfant du Père, je possédais le divin en mon coeur. J'étais plutôt disciplinée à répondre à maintes règles et lois de l'Église, selon moi aliénantes parfois et je n'avais selon celles-ci aucune place pour choisir et m'épanouir spirituellement à travers ma vie de tous les jours. Cette ignorance a longtemps guidé ma route, nourri mes **croyances** et aujourd'hui, je découvre encore l'emprise de cette éducation contrôlante et étouffante. Il y a bien des **valeurs** que je rechoisis de conserver, à la différence de maintenant, ces choix m'appartiennent et c'est de façon éclairée que j'en dispose.

J'ignorais avant le lâcher prise car petite fille, on m'a enseigné le contrôle pour survivre émotionnellement et faire ma place dans cette société patriarcale, dans ce monde inconnu vers lequel je me dirigeais et qui pouvait « m'avaler », me faire mal si je ne savais m'en défendre et répondre aux **normes** et **critères**. J'étais loin de la recherche de la vérité en moi et de l'apprentissage de l'amour **inconditionnel**.

Quoi qu'il en soit, toutes ces expériences furent constructives car sans elles, je n'eus pu éclairer ma **conscience** des états de mon être, de ma capacité de me développer et de choisir de m'aimer. Je pourrais longuement encore disserter sur mon vécu, mes émotions, mes attentes, ma souffrance, mes illusions, mes choix mais je complète ici ce partage en sachant que j'y reviendrai si j'en ressens la nécessité, par la poursuite de mon cheminement spirituel et terrestre.

Je vous encourage donc à vous « laisser aller », à lâcher prise, à être tenté de vivre l'expérience et à la répéter. Les bénéfices associés à celle-ci s'accumulent avec la fréquence d'utilisation. Toutefois, chaque expérience a sa couleur et sa **valeur** et il est essentiel, profitable d'en tirer les fruits afin de nourrir sa **conscience** et poursuivre la route dans la satisfaction croissante de la découverte de la vraie liberté, celle qui siège en soi et non ailleurs.

Expérimenter maintes situations d'instabilité, lâcher prise et découvrir la stabilité au centre de soi à travers l'instabilité. L'amour guérit la peur.

Expérimenter maintes situations d'insécurité, lâcher prise et découvrir la sécurité au centre de soi à travers l'insécurité. L'amour guérit la peur.

Expérimenter maintes situations de manque (temps, argent, amour, santé...), lâcher prise et découvrir l'abondance et la créer en soi, autour de soi à travers la reconnaissance de la *victime* en soi qui limite l'être. L'amour guérit la peur du manque.

Expérimenter maintes situations de dépendance, lâcher prise et découvrir l'autonomie, la *force* au centre de soi, à travers la dépendance, la non confiance en soi. L'amour guérit la dépendance.

Expérimenter maintes situations de l'illusion, lâcher prise et découvrir la vérité, notre vérité au centre de soi, à travers l'illusion. L'amour guérit l'illusion.

Et pensons à remercier toutes les situations de vie, les gens qui nous entourent, les souffrances pour n'être que la manifestation de notre âme, les outils qui nous guident vers la connaissance de soi en utilisant notre vécu terrestre pour nourrir notre *évolution spirituelle*.

Évaluez vos expériences de lâcher prise et poursuivez mieux éclairé votre route. Il arrivera sûrement que vous ayez le goût de « tout lâcher » et fuir dans ce qui pour vous représente le connu, la sécurité, le confort. Illusion toutefois... Ne vous jugez point. Permettez-vous ce « brake » inconditionnellement et vivez votre terrestre à plein temps. Reviendra bientôt le temps de rechoisir de donner à votre être, à nouveau, un peu d'amour et de liberté. Ainsi dans le respect de vous-même, vous deviendrez de plus en plus responsable et cheminerez en votre *incarnation* à réaliser votre plan divin au fil des jours, dans la *conscience* qu'il existe en ce monde la Réalité Divine et que vous êtes ici une parcelle de celle-ci.

BONNE ROUTE...

UNE AMIE

♥ ♥ ♥

LEXIQUE

aura: enveloppe énergétique invisible (sauf par des personnes qui ont la faculté de la voir) qui rayonne des corps subtils de l'être, sous forme à la fois de couches ondulatoires concentriques et de particules projetées.

blessure: terme utilité ici pour définir des conditions de souffrance vécues à travers des événements en cette incarnation ou en des vies précédentes. Ex. peur du rejet, insécurité, abandon, etc.

bourreau: dans le triangle: *victime-sauveur-bourreau.* Rôle perçu par la victime de celui qui cause du tort. À noter que nous vivons tous dans ce triangle et qu'à tour de rôle, nous jouons ces rôles jusqu'à ce que nous devenions conscients de ceux-ci et que nous décidions de changer et sortir de ce triangle en reconnaissant notre rôle du moment et en s'élevant.

canal énergétique: situé au centre de l'être tel un tuyau passant par la colonne vertébrale. Par là circule l'énergie (shakti) céleste et terrestre. Aussi appelé SUSHUMNA et contient les chakras, canal de lumière.

chakra: centre d'énergie du corps humain. Roues, turbines qui pour tourner et nourrir notre être nécessitent de recevoir l'énergie nécessaire cosmique. Nous connaissons (7) chakras primaires et d'autres secondaires situés à différents endroits précis dans le SUSHUMNA.

conditionnel: qui dépend de certaines conditions. Ex. cet enfant est intelligent s'il a de bons résultats scolaires.

conscience: connaissance par l'humain de sa propre réalité, de son activité psychique. Connaissance de soi par l'éveil de la conscience. Prendre connaissance de ce qui habite dans notre inconscient.

critère: signe qui permet de porter un jugement, une appréciation. Ex. note de passage.

croyance: ce que l'on tient pour vérité et qui est associé à des expériences passées joyeuses ou douloureuses, celles-ci créant des peurs limitant l'être dans son développement spirituel et global. Accepter comme vraisemblables des enseignements, connaissances transmises surtout par des personnes significatives pour soi, en bas âge.

cylindres: sorte de gros tuyaux situés dans la structure énergétique de l'être laissant circuler l'énergie en celle-ci, invisibles aux yeux de l'homme.

domination: mécanisme inconscient de l'être qui par l'exercice d'une influence décisive extirpe de l'énergie d'autrui afin de nourrir son être. Prendre pouvoir sur quelqu'un ou quelque chose.

ego collectif: aussi appelé conscience collective, opinions convictions, croyances d'un groupe, d'une nation.

évolution spirituelle: aussi souvent appelée « chemin le moins fréquenté ». Période d'introspection dans la vie de l'homme, lui permettant l'éveil et l'élargissement de sa conscience et l'élévation de son âme vers la lumière, à travers son incarnation actuelle. Progression indéfinie vers un mieux-être, un état supérieur.

expérimenter: vivre des expériences pour connaître, apprendre.

faiblesse: manque de capacité de l'être. Ex. dépendance, fragilité, travail inachevé, etc.

force: capacité de l'être. Ex. courage, volonté, détermination, ponctualité, etc.

guides: messagers célestes, anges, désincarnés qui ont pour mission de demeurer près de nous sur terre pour nous aider à traverser notre expérience présente d'incarnation.

incarnation: être spirituel, âme qui revêt un corps humain, animal.

inconscient: ne se rend pas compte clairement de sa réalité, de ce qui habite son être. Même si l'être cherche à percevoir ce qui se passe en lui, il n'arrive pas à le connaître. L'inconscient renferme aussi les souvenirs d'événements ou vécus passés pour protéger la personne d'un traumatisme psychologique.

inconditionnel: accepté comme tel. N'est soumis à aucune condition. Ex. cet enfant est intelligent peu importe ses résultats scolaires.

intégration: action d'assimiler de nouveaux éléments de connaissance (de façon consciente ou non) à l'interne de soi. Ce mouvement se doit d'être totalement complété dans son ensemble, faire partie de l'intégrité de la personne. Ex. intégrer un apprentissage nouveau exige du temps.

karma: loi de causes à effets issue de l'hindouîsme selon laquelle toute action physique, mentale ou verbale est inscrite dans notre destin et doit un jour être rencontrée.

La Source: Dieu. Énergie divine qui crée et anime tout l'univers. Origine de tout ce qui est.

ligne médiane: située au centre de chaque corps invisible (subtil), parallèlement au SUSHUMNA. Elle permet l'ouverture et la fermeture des corps et laisse circuler l'énergie à travers les chakras.

limite: point que ne peut dépasser (selon ses croyances) les possibilités d'un être. En croissance personnelle, nous choisissons de dépasser nos limites afin d'évoluer dans le respect de soi.

matrika shakti: lettre ou syllabe sonore qui est à l'origine de tous les mots. Mer d'énergie vibratoire qui nourrit chaque être.

médium: capacité extrasensorielle de l'être de recevoir et transmettre des vibrations venant des plans supérieurs et empruntant le canal énergétique de celui-ci, agissant sur divers systèmes de la personne afin d'animer son corps physique, ce qui est appelé channeling (médium en transe profonde animée). Il existe différentes formes de médiumnité et à la limite chacun possédant un SUSHUMNA peut devenir médium, mais cela n'est pas inscrit dans le plan divin d'incarnation de chaque être. Cela exige une grande capacité d'abandon.

norme: état conforme à la majorité des cas. Ex. loi, règle.

réincarnation: prendre à nouveau un corps après que cette âme ait quitté son corps précédent.

sanskrite: vieille langue dans laquelle furent rédigées les écritures sacrées.

sauveur: personne qui vient au secours d'autrui (consciemment ou non) et a besoin de ce rôle pour se valoriser. Il y a toujours une victoire lorsqu'il y a un sauveur. Ne laisse pas vivre aux autres leurs expériences. Cela exige beaucoup d'énergie.

shakti: ou encore CHITI, KUNDALINI. Énergie divine qui anime l'univers. Elle produit une évolution spirituelle chez la personne en qui elle est éveillée.

structure énergétique de l'être: ensemble des composantes énergétiques (non visibles à l'oeil humain) et qui permet de recevoir, enraciner, diffuser l'énergie vitale universelle, cosmique.

valeur: ce qui a été reçu en bas âge particulièrement de par l'éducation, les enseignements et qui fondent la base du jugement de l'individu propre à ses expériences et perceptions. Une valeur se mesure selon les normes en lesquelles l'être croit de façon objective ou subjective.

victime: utilisé ici pour parler de la personne qui pâtit des agissements d'autrui, des choses qui lui arrivent et accuse les autres, ne reconnaissant pas sa réalité et sa responsabilité et sa capacité d'autonomie.

vibratoire: courants d'énergie circulant à des vitesses parfois supérieures à celle de la lumière et qui transmettent par décharges, des communications non audibles à l'oreille humaine mais captées par des appareils spécialisés et aussi par des formes de vie diverses telles plantes, humains (médium), animaux...

117

yan: pôle d'énergie terrestre représentant l'énergie masculine de l'être, le côté rationnel. L'équilibre vient de la fusion de ces pôles en soi.

yin: pôle d'énergie céleste représentant l'énergie féminine de l'être, le côté intuitif.

♥ ♥ ♥

TABLE DES MATIÈRES

UN MOT DE PLUS...

La quête spirituelle de l'auteure l'a amenée à développer la voie de la canalisation en transe profonde (channeling), afin de soutenir l'apprentissage de la maîtrise de sa vie. Le processus relié à cette expérience nécessite le lâcher prise, puisqu'il requiert d'accueillir le détachement comme outil d'évolution à la découverte de l'équilibre dans tous les plans, « petits pas, petits pas ».

Dolorès canalise Le Rayon D'or. Cette vibration christique du Maître Jésus transmet des enseignements permettant à la personne qui les reçoit d'accueillir l'amour pour elle-même, d'éveiller et nourrir l'ouverture de sa conscience et de soutenir son évolution spirituelle sur le chemin de cette incarnation.

Les rencontres avec les entités aident l'individu à choisir l'amour au lieu de la peur et à mieux vivre chaque journée dans l'harmonie interne et externe.

Par le biais de rencontres privées et collectives, d'ateliers, de conférences, les entités, de plus en plus, élargissent leur bassin de transmission en des régions nouvelles au Québec. Des ateliers sont actuellement à se manifester à l'étranger.

Avec l'assistance de son directeur de transes, Marcel Dupras, ce couple guide par la relation d'aide, les interventions psychoénergétiques, la canalisation du Rayon D'or, l'ouverture à la méditation, leurs expériences vécues et leurs connaissances, les personnes désireuses d'apprendre à s'aimer, à se respecter dans le respect d'autrui également.

Les entités éveillent l'être à utiliser son pouvoir interne pour guérir et transformer sa souffrance, libérant ainsi les chaînes créées par les blessures et leurs séquelles. Que ce soit peurs, non acceptation de l'amour, croyances limitatives, insécurités, dépendances, etc. Dolorès, Marcel et le Rayon D'or vous accompagneront au coeur de votre être, dans la rencontre sacrée de votre âme, dans le non jugement et le respect.

Pour connaître les activités du Rayon D'or, communiquez avec:

Les Éditions du Rayon D'or
83 rue Plante
Mont St-Hilaire, Québec
J3H 3X2

(450) 464-6781
(450) 652-9658

♥ ♥ ♥

Québec, Canada
1999